Peter Riolini

Krippen schauen
Krippen bauen

Knaur

Peter Riolini

Krippen schauen Krippen bauen

Vorbilder
Bauanleitungen
Pläne

unter Mitarbeit von
Alois Epple
Rudolf Höfler
Norbert Hörberg
Walter Lindenmayr

Inhalt

DER UMSCHLAG
zeigt eine Alpenländische Krippe, gebaut von Walter Lindenmayr, mit Gliederfiguren von Hans Klucker, Oberammergau, die von Marianne Lindenmayr bekleidet wurden (siehe auch Seite 36 bis 41).

DIE TITELSEITE 2/3
zeigt eine Feldhütte als einfachste Krippenform, gebaut von Peter Riolini (siehe auch Seite 11/12).

Einführung

Von Kindheitstagen her ist vielen die Krippe unter dem Christbaum vertraut, wo Maria und Josef vor der Lagerstatt des Gotteskindes knien. Das Licht einer kleinen Laterne erhellt den armseligen Stall, in dem als einzige Zeugen des Geschehens Ochs und Esel friedlich Wache halten. Über dem Stall schwebend, verkündet der Gloria-Engel die frohe Botschaft den Hirten, die sich mit ihren Gaben von den Lagerfeuern aufmachen und über die Mooshügel herbeieilen. Später kommen dann die Heiligen Drei Könige mit ihrem prächtigen Gefolge hinzu, geleitet von dem geheimnisvollen Stern. Diese schönste der biblischen Geschichten haben die meisten auch über Jahre der Dürre in ihrem Herzen bewahrt und geben sie freudig an ihre Kinder weiter. Sicherlich wünscht sich fast jeder dabei wohl insgeheim selbst wieder in den Zustand argloser Kindlichkeit zurückversetzt.

Schaut man sich heute um, so bemerkt man überall ein ungeahntes Aufleben der Freude an Krippen. Selbst in traditionell krippenarmen Gegenden werden plötzlich Krippenvereine gegründet. In einer Zeit, in der konfessionelle Schranken in zunehmendem Maße bedeutungslos werden, entdecken auch die evangelischen Christen die reiche Bilderwelt der Krippe wie einen lange versunkenen Schatz. Symptomatisch und ganz ungewöhnlich für diese Entwicklung ist die Einrichtung einer umfangreichen Krippensammlung in der nüchternen Kaufmannsstadt Hamburg. Kein Weihnachten vergeht mehr, ohne daß nicht in irgendeiner Pfarrei oder einem Ort der Umgebung eine Krippenausstellung

KRIPPENKÄSTCHEN
Der steile Krippenberg wurde mit Rinden, Moos, Flechten und Wurzeln gestaltet. Grundfläche: 65 x 28 cm, Höhe 55 cm.

stattfindet, und keiner der Veranstalter kann sich über mangelnden Zuspruch beklagen. Diese Ausstellungen übernehmen heute allgemein die Tradition des Krippenschauens von Haus zu Haus, die früher in allen Krippenregionen Brauch war, heute aber nur noch in einigen Landstrichen, beispielsweise in Nordtirol oder Mittelschwaben, teilweise aber auch noch in Böhmen üblich ist.

In der Krippe begegnen uns mannigfaltige Einflüsse. In den mittelalterlichen Paradeisspielen erlebten die Gläubigen die Verheißung des Erlösers im Zusammenhang mit dem Sündenfall der Stammeltern Adam und Eva und ihrer Vertreibung aus dem Garten Eden, und sie sangen das »Tauet Himmel den Gerechten«. Die Spiele erreichten ihren Abschluß und freudigen Höhepunkt mit der ersehnten Geburt des Christkindes im Stall von Bethlehem und der Anbetung und dem Gesang der Hirten. Auch in den Figuren der Weihnachtsdarstellungen auf den spätgotischen Flügelaltären hatten die Gläubigen die Krippe vor Augen. Diese Eindrücke verschmolzen mit Grottenzauber, Glaubenssymbolik, höfischem Zeremoniell, Theaterpomp und Schäferromantik zu etwas Neuem: eben zur Weihnachtskrippe. Der Krippenberg bildete die Bühne eines heiligen Spiels, in dem die Personen plastisch, arrangier- und erlebbar auftraten.
Aus der vielfältigen Anschauung der Krippen erwuchs der Anreiz zum eigenen Bau einer Krippe, zuerst in den vornehmen Familien, später auch im einfachen Volk. Im ausgehenden 18. Jahrhundert gab es im süddeutschen Sprachraum Gegenden, in denen man in jedem Haus eine Krippe vorfand, auch wenn sie in der einfachsten Form nur aus Papier war. Manche begnügten sich damit nicht: Sie wollten die schönste Krippe besitzen.
So weitete sich die Krippenszene immer mehr aus. Handwerkerdarstellungen und idyllische Begebenheiten wurden hinzugefügt. Romantische Naturvorstellungen hielten Einzug. Palästinapilger brachten völlig neue Eindrücke nach Hause und setzten sie in den orientalischen Stil um. Als Gegenströmung entwickelten sich die Heimat- und mit ihnen die Schneekrippen. Schließlich dürfen die unverständlicherweise Stilkrippen genannten Schöpfungen nicht übersehen werden, als deren sympathischste Spielart die Wurzelkrippe gelten kann.

Auch heute ist das Erscheinungsbild der Krippe weiterhin im Wandel begriffen. Schon gibt es die Computerkrippe und die Krippe für Menschen am Rande unserer Gesellschaft als eine Antwort der Weihnachtsbotschaft auf die Erscheinungen und Probleme der Gegenwart.

So weit werden wir uns aber im Rahmen dieses Buches nicht vorwagen. Vielmehr wollen wir denjenigen einige bewährte Hilfen an die Hand geben, die nach einem Weg suchen, um für sich selbst eine Krippe im traditionellen Sinne zu bauen. Nicht ohne Bedenken haben wir uns zu einem Baubuch für Krippen überreden lassen, denn wir kennen die Gefahren solcher Bücher: Schmal ist der Grat zwischen erwünschter persönlicher Kreativität und bastlerischem Übereifer in Verbindung mit Schablonendenken. Wir warnen vor letzterem, selbst wenn wir nicht umhin können, Werkskizzen beizufügen. Wenn wir uns nun aber dennoch auf dieses Unterfangen eingelassen haben, dann in der Hoffnung, daß das Motto dieses Buches »Krippen schauen – Krippen bauen« beherzigt wird. Auch wenn alle wichtigen Handwerksschritte verständlich beschrieben werden, so kann doch nicht auf jede kleinste Einzelheit eingegangen werden. Hier hilft eine intensive Betrachtung der reichlich gezeigten Detailbilder und vorbildhafter Krippen weiter.
Der Krippenbau steht in einer reichen, vielschichtigen Tradition. Um in seine Geheimnisse einzudringen, bedarf es neben handwerklichen Fertigkeiten auch der Kenntnis stilistischer Eigenarten. Nur in den wenigen Fällen, in denen der Krippenbau noch innerhalb eines dominierenden lokalen Brauchtums gepflegt wird, mag es für den Krippenbauer genügen, allein die ortsüblichen Gestaltungsprinzipien zu kennen. Grundsätzlich ist die Anschauung die beste Lehrmeisterin. Auch mit dem besten Willen läßt sich nicht die ganze Vielfalt an Möglichkeiten in einem Buch abhandeln. Machen Sie deshalb von der alten Sitte des »Krippenschauens« reichlich Gebrauch. Sehen Sie genau hin, wie andere Krippen gebaut sind, insbesondere historische. Merken Sie sich besonders überzeugende Beispiele, besonders hübsche Details, aber auch das, was Sie als Fehler einstufen. Studieren Sie die Abbildungen dieses Buches. Nehmen Sie sich Zeit. Sie werden erstaunt sein, wieviel Sie davon haben, wenn Sie statt dessen auf den Fernseher verzichten. Halten Sie ab und zu in Ihrer Arbeit inne und treten Sie einen Schritt zurück, um Ihr Werk zu mustern und erforderlichenfalls abzuändern. Krippenschauen und Krippenbauen sollen Hand in Hand gehen.

Die Krippe soll Spiegelbild der Botschaft sein, die sie verkündet, also einer Botschaft, die sich vor allem an die Schwachen, die Menschen reinen Herzens und die Kinder wendet. Kalkül und Haarspalterei sind nicht ihre Sache. Angesprochen sind vielmehr die Kräfte des Gemüts. Deshalb wollen wir das, was bildnerisch geschaffen werden soll, von seiner inneren Bedeutung heraus zu erschließen versuchen. Auf keinen Fall darf Krippenbau mit Modellbau verwechselt werden, der von funktioneller Denkweise geprägt wird und dessen Absicht die maßstäblich und historisch genaue Wiedergabe einer Situation ist. Wenn die Szenerie liebevoll mit Details ausgeschmückt wird, so sollen sich diese mehr aus den Dingen der Natur zusammensetzen, als aus Menschenwerk. Denn in der Krippe soll auch die wunderbare Vielfalt der Schöpfung verherrlicht werden, die ein Abglanz Gottes ist. Darum sind gegen Krippen, die mehr einer niedlichen Puppenküche als der Darstellung eines großen Geheimnisses gleichen, Vorbehalte angebracht, selbst wenn sie bei vielen Betrachtern helles Entzücken hervorrufen; denn sie gehen am Kern der Sache vorbei. Die Größe und gleichzeitige Einfachheit der Idee darf nicht überwuchert werden durch allerlei Schnickschnack. Auch vor krampfhafter Originalität wird gewarnt. Das Mysterium der Weihnacht darf nicht zum Vorwand für einen ungehemmten Spieltrieb mißbraucht werden, so daß das heilige Geschehen nur noch als unbedeutende Nebensache zu erkennen ist. Das Wichtigste bleibt das Kind in der Krippe. Dorthin führen alle Wege. Darüber schwebt der Engel mit der frohen Botschaft als Mittler zwischen Erde und Himmel.

Natürlich ist gegen eine zurückhaltende landschaftliche, architektonische oder figürliche Ausschmückung nichts einzuwenden. Ja, bei manchen Krippentypen gehört dies zwingend dazu, um die Weltharmonie auszudrücken: Gottes Sohn wurde in unsere Welt, so wie sie ist, hineingeboren. Aus diesem Grunde können Krippen auch mit Szenen aus dem Leben der Menschen in ihrem eigenen Lebensbereich und ihrer Heimat ausgestaltet und bereichert werden. Doch muß sich alles im richtigen Sinne einordnen. Wer sich an die hier vorgestellten Grundtypen hält, kann schon keine großen Fehler mehr machen.

Herausgeber und Mitarbeiter

Zur Handhabung des Buches

Dieses Buch ist weitgehend so aufgebaut, daß vom Kleinen zum Großen, vom Leichten zum Schwierigen, vom Einfachen zum Zusammengesetzten fortgeschritten wird. Soweit es in dieser Abfolge möglich ist, die stilgeschichtliche Entwicklung chronologisch zu erfassen, wird dies getan. Wo wir es aber für zweckmäßiger halten, von diesem Schema abzuweichen, nehmen wir uns diese Freiheit. Da also jedes Kapitel auf den vorhergehenden aufbaut, empfiehlt es sich dringend, möglichst den gesamten Inhalt zu studieren, bevor man sich den Bau einer ganz bestimmten Krippe herausgreift.

In vielen Fällen wird die zugrundegelegte Figurengröße nicht mit Ihren Figuren übereinstimmen. Errechnen Sie sich dann den Vergrößerungs- oder Verkleinerungsfaktor:

$$\frac{\text{Gewünschte Größe}}{\text{Größe der Vorlage}} = \text{Multiplikationsfaktor.}$$

Beachten Sie aber, daß die Größenveränderungen nicht beliebig weit getrieben werden können. Bei Verkleinerungen muß man beispielsweise manche Details vereinfachen, bei Vergrößerungen besser herausarbeiten. Vorlagen oder Pläne lassen sich mittels Fotokopierer auf jede gewünschte Größe bringen, aus denen dann die wahren Abmessungen abgegriffen werden können.

Manchmal wird innerhalb des Textes auf andere Kapitel verwiesen, wenn von den Beschreibungen abgewichen werden kann. Es wurden jedoch beileibe nicht alle Variationsmöglichkeiten aufgezeigt. Wenn Sie beispielsweise Ihre Wurzelkrippe mit Sand bestreuen wollen, dann holen Sie sich die Anleitung dazu aus dem Kapitel über die mittelschwäbische Krippe.

Wünschen Sie die Höhle statt aus Papiermaché aus Plastika zu formen, so steht dem nichts entgegen. Oder wenn Sie sich zu einer Orientalischen Krippe mit festem Berg lieber eine Ruine anstatt einer Höhle wünschen, dann übernehmen Sie diese in der erforderlichen Größe aus dem Kapitel Ruinenkrippe. Gleichermaßen können Sie mit Mauerwerksformen, Dächern, Zäunen usw. verfahren.

Wichtig ist nur, daß Sie dabei möglichst keinen Stilbruch begehen. Hier hilft die intensive Betrachtung vorbildhafter Krippen. Um Ihnen den Umgang mit diesem Buch zu erleichtern, finden Sie am Ende ein Stichwortverzeichnis, das Ihnen das Auffinden aller wichtigen Elemente erleichtert.

Wir wünschen Ihnen nun viel Freude und Erfolg beim Bau Ihrer Krippe.

Über all Ihrer Arbeit stehe das Motto

Kleine Krippenkunde

Formale Unterscheidungen

Formal lassen sich »offene« und »eingebaute« Krippen unterscheiden. Zu letzteren zählen die »Krippenkästchen« des ausgehenden 18. und des 19. Jahrhunderts. Sie gehen in der Regel in keiner ihrer Abmessungen über 1 m hinaus. Größere Gehäuse mit eingebauten Krippen bezeichnet man als »Krippenschreine«. Der Bau von »Bühnenkrippen« wurde um die Jahrhundertwende durch die museale Aufstellung der wunderbaren Krippen der Schmederer-Sammlung im Bayerischen Nationalmuseum München angeregt. Perspektive und Lichtführung sind ihre wichtigsten Gestaltungsmittel. Als Hauskrippe ist dieser Typus jedoch nicht unbedingt zu empfehlen, da sein guckkastenartiger Charakter eine Ausstrahlung in den Wohnraum hinein behindert.

Bei den »offenen Krippen« gibt es solche mit »festem Berg« und mit »losem Berg«. Der Berg ist einer der wichtigsten Bestandteile der Krippe. Er ist die Bühne, birgt die Geburtshöhle und bietet vielfältige Möglichkeiten zum Aufstellen der Figuren. Während beim festen Berg die Einzelteile endgültig und unveränderbar zusammengebaut werden, fügt man beim losen Berg die einzelnen Wurzel- und Rindenstücke und die Versatzteile in jährlich abgewandelter Form immer wieder neu aneinander und übereinander.

Thematische Unterscheidungen

Thematisch kann man »heimatliche Krippen« und »Orientalische Krippen« unterscheiden. Die frühen Krippen entziehen sich aus bestimmten Gründen einer solchen systematischen Einteilung. Von heimatlichen Krippen wird man wohl frühestens ab dem Biedermeier sprechen dürfen. Im allgemeinen versteht man unter dem Begriff »Heimatkrippe« aber wieder etwas anderes. Ihm liegt eine nostalgisch gefärbte Rückschau auf eine vergangene Lebensweise zugrunde.

Eine Sonderform der Heimatkrippe stellt die »Schneekrippe« dar. Die sogenannte »Stilkrippe« ist eine isoliert aufgestellte Geburtsgruppe in meist geschmäcklerischer Präsentation. Wie sie zu ihrem Namen kam, ist un-

WURZELHÖHLE
MIT TONMODELFIGUREN (BACHENE)
(siehe Seite 15)
Der Hintergrund der Stallhöhle wirkt unfertig. Man hätte die Höhle besser noch mit einer dritten Wurzel oder Rinde abschließen sollen.

erklärlich, es sei denn, man erhebt die Stillosigkeit zu ihrem Stil. Als ihre sympathischste Spielart darf die »Wurzelkrippe« gelten.

Wenig sinnvoll ist es, Krippen aufgrund irgendeiner Belanglosigkeit oder eines gestalterischen Gags mit einer scheinbar typisierenden Bezeichnung zu belegen. Was soll man schon mit Namen wie »Röhrenkrippe«, »Haselnußkrippe«, »Schindelkrippe« oder »Rahmenkrippe« anfangen? Aber auch die häufig verwendete Bezeichnung »Dreikönigskrippe« verbietet sich eigentlich, da zum Wesen der Krippe der Szenenwechsel gehört, wobei sich der Typus aber nicht ändert. Deshalb spricht man selbst bei einer Krippe mit fest installierten Figuren besser von einer »Krippe mit Dreikönigsanbetung«.

Figuren und Proportionen

Da sich dieses Buch als Hauptaufgabe mit dem Bau des Krippenstalles und der Landschaft befaßt, setzt es die Figuren bereits voraus. Daß sich die Größe der Krippe dann nach der Größe und der Anzahl der Figuren zu richten hat, versteht sich von selbst. Aber auch der Stil der Figuren muß berücksichtigt werden. Zu orientalischen Figuren paßt keine oberbayerische Stallhütte (eine Ausnahme bilden die Heiligen Drei Könige, die ja bekanntlich von weit her kommen). Genauso sollen sich Figuren in heimischer Tracht nicht in eine Orientalische Krippe verirren. So hübsch die südfranzösischen Santons sind, so sollten sie doch nicht auf einem schwäbischen Krippenberg plaziert werden, auch wenn sie größenmäßig passen würden. Einfache Figuren erfordern einfache Krippen. Bei aufwendig gearbeiteten Figuren kann auch die Krippe selbst differenzierter gestaltet werden.

Scheuen Sie sich auch nicht, Ausschneidefiguren aus Papier zu verwenden, die sehr hübsch wirken können. Nur sind dann zwei Grundsätze zu beachten. Zum einen müssen die Figuren genau senkrecht zum Beschauer aufgestellt werden, und zum anderen darf die Krippe selbst nicht zu voluminös wirken. Der Raum soll also nicht zu tief werden, die Architektur nicht zu wuchtig, eher kulissenförmig. Sehr gut wirken Papierfiguren in flachen, steilen Szenerien (siehe Bild Seite 104/105). Am Ende des Buches werden Vorlagen zum Abpausen, Ausschneiden und Bemalen einer Papierkrippe vorgestellt.

Wer Figuren aus Kunststoff besitzt, die es auf den Weihnachtsmärkten zu kaufen gibt, mag für den Krippenbau durchaus auch Kunststoffmaterialien verwenden. Mit geschnittenem, gebrochenem, angelöstem oder angeflammtem Styropor lassen sich verschiedene effektvolle Wirkungen erzielen.

Von einem sogenannten »grafischen Krippenmeter«, der nichts anderes als ein Proportionsmaßstab ist, halten wir nicht besonders viel. Da, wie schon erwähnt, Krippenbau nicht mit Modellbau zu verwechseln ist, kommt es auf exakte Proportionen meist nicht an, ja sie wirken in vielen Fällen langweilig und in manchen Fällen sogar ausgesprochen störend. Es genügt meist, wenn man sich vom natürlichen Empfinden leiten läßt. Ein Krippenbauer äußerte einmal humorvoll: »Der Stall muß halt so groß sein, daß der Heilige Josef nicht aus der Dachrinne trinken kann«. In der Regel beträgt die Höhe der Stallöffnung etwa das Eineinhalbfache einer Person. Den übrigen Platzbedarf ermittelt man am besten durch Stellproben. Das Innere des Stalles ist so breit zu halten, daß Ochs und Esel noch gut untergebracht werden können. Für etwas schwierige Gestaltungen empfiehlt sich die Anfertigung eines groben Modells aus festem Wellkarton (siehe Bild Seite 101).

Getrauen Sie sich, in die Höhe zu bauen! Eine in der Höhe gestaffelte Krippe wirkt interessanter als eine flache. Wenn die Krippenlandschaft nach hinten ansteigt, werden die Figuren im Hintergrund nicht durch die vorne stehenden verdeckt. Das bedeutet, daß bereits der Fußboden des Krippenstalles etwa um eine halbe Figurengröße höher als die Vordergrundebene liegen kann.

Eine ganz andere Wirkung erzielen Sie durch eine ganz flache oder sogar nach hinten abgesenkte Landschaft: Sie suggeriert Weite (siehe Bild »Die Schneekrippe«, Seite 54/55).

Wurzel- und Rinden-krippen

Eine Wurzelkrippe zeigt keinen realen Ort an und kommt so der Vorstellung entgegen, daß die Geburt Jesu zu jeder Zeit und an jedem Ort hätte stattfinden können, auch hier und heute. Als Abstraktion einer Höhle nimmt sie aber die christliche Tradition auf, wonach sich das weihnachtliche Geschehen in einer der Grotten unweit Bethlehems abgespielt hat. Sie deutet einen Ort der Geborgenheit an. Tragen Sie diesem Gedanken Rechnung, indem Sie keine zu unruhigen Wurzelformen verwenden. Leider gibt es Beispiele, die in ihrer bizarren Exaltiertheit geradezu abstoßend wirken. Das Gegenteil soll erreicht werden: Sammlung und Andacht. Dazu ist aber die Wurzelkrippe wie kaum eine andere fähig, weil nichts Unwesentliches ablenkt. Sie ist zu anspruchslos, um die bastlerischen Fähigkeiten ihres Erbauers ins rechte Licht zu rücken, sie entzückt nicht durch die Vielfalt hübscher Details, sie verleitet nicht zu hochtrabenden, stilistischen Erörterungen, und sie sieht zu schlicht aus, um der Repräsentation zu dienen. Die Wurzelkrippe gehört deshalb zu denjenigen Krippen, die in unserer Zeit am wahrhaftigsten und ausschließlichsten das religiöse Gefühl ansprechen.

Die Feldhütte als einfachste Krippenform

FELDHÜTTE ALS KRIPPENSTALL
Im halbfertigen Zustand erkennt man die einzelnen aufgeleimten Stücke aus Föhrenrinde. Die Schraubzwingen pressen die Rinden an. Das links oben hervorschauende Eck der Unterkonstruktion muß noch abgesägt werden. Die leiterförmige Futterraufe ist bereits vorbereitet.

Diese Art der Krippendarstellung hat berühmte Vorbilder in den alten »Bethlehems«. Sie besteht aus einer Rückwand und einem primitiven Dach. Die Rückwand kann eine Felswand darstellen oder ein Gemäuer. Trotz ihrer Einfachheit kann solch eine Feldhütte recht malerisch wirken, wenn man nur ein wenig graziös zu Werke geht.

Als Rückwand verwenden Sie ein paar kräftige Rindenstücke. Bevor Sie letztere weiterverarbeiten, befestigen Sie zwei oder drei etwas übereck gestellte Brettchen so auf dem Bodenbrett, daß die Fasern senkrecht verlaufen. Die Brettchen bilden die Unterkonstruktion für die Rinde. Man gibt ihnen die doppelte Höhe der Figuren, befestigt sie von unten mit Senkschrauben auf dem Bodenbrett und verleimt sie zusätzlich. Dann raspelt man die Rückseiten der Rindenstücke eben und leimt sie anschließend hochkant dicht aneinander auf die Unterkonstruktion. Wo die Anschlüsse nicht passen wollen, hilft man mit Raspel und Schnitzmesser nach. Die Rinden müssen oben über die Unterkonstruktion hinausragen, damit sie diese verdecken. Der obere Abschluß soll unregelmäßig gezackt sein. In die verbleibenden Spalten zwischen den Rinden wird Moos eingeleimt.

Das Bodenbrettchen, auf das der Höhlenstall montiert ist, sollte nicht viel größer sein als der Stall selbst. Es ist der Heiligen Familie und Ochs und Esel vorbehalten. Man stellt es erhöht auf ein größeres Grundbrett, auf dem die übrigen Figuren in einer moosbedeckten Landschaft ihren Platz finden.

Als Gerüst für das pultförmig abfallende Strohdach steckt man in die vorgebohrte Rückwand zwei »Stangen«, die vorne durch zwei senkrecht gegabelte Äste gestützt werden. Diese finden am Fußpunkt in Bohrungen des Bodenbrettchens Halt. Einige quergelegte und festgebundene »Stangen« vervollständigen die Unterkonstruktion. Darauf bindet man schließlich einige Strohbüschel als Dachdeckung. Zur Vervollständigung wird an der Rückwand noch eine Futterraufe geleimt. Das ist hier eine Leiter, die waagrecht an zwei aus der Wand ragenden Pflöcken befestigt wird. Wer seine kleine Krippe ausschmücken möchte, der kann die Rückwand

◀ KLEINE WURZELKRIPPE MIT LEHM UND STROH
Einem Zufallsfund im Walde verdanke ich die Entstehung eines meiner ersten Krippchen. Eine schalenartig geformte Wurzel oder verholzte Borke inspirierte mich zum Bau einer Stallhöhle. Weil diese zu niedrig geworden wäre, setzte ich sie auf einen kleinen Lehmwall. Ein Vordach und eine Palme aus Stroh vervollständigten das Werk, zu dem ich anschließend mit dem Rest des Lehms die Figuren formte. Auch wer handwerklich nicht besonders begabt ist, aber gerne mit offenen Augen die Natur durchstreift, findet in der Wurzelkrippe eine ideale Möglichkeit, sich seinen Wunsch nach einer selbstgebauten Krippe zu erfüllen. Sie bietet sich vor allem dann an, wenn die Szene auf die wichtigsten Figuren beschränkt bleibt. Mit einer Breite von 18 cm findet sie noch im kleinsten Zimmer Platz.

FELDHÜTTE ALS KRIPPENSTALL
Von ähnlichem Aussehen kann man sich die Feldhütte vorstellen, die der Heilige Franziskus von Assisi im Jahre 1223 im Wald von Greccio zur Feier der Heiligen Nacht errichten ließ. Im Pferch aus geflochtenem Stroh stehen auch Ochs und Esel. Die 12 cm großen Figuren sind einfache, aber ehrliche Arbeiten eines Laienschnitzers.

mit Glimmer bestreuen. Wie dies geschieht, ist beim mittelschwäbischen Krippenberg (siehe Seite 27) nachzulesen. Auch Schneckenhäuschen, kleine Strohblumen, genannt »Katzenpfötchen« (Antennaria alpina bzw. dioica), und zierliche Flechten können zur Verzierung verwendet werden.

Zu jeder Krippe gehört ein Zaun. Der heilige Bereich wird als ein Paradiesgärtlein betrachtet, das durch die Geburt des Christkindes in den Zustand der Sündlosigkeit versetzt wird. Der Zaun trennt diese heile Welt von unserer profanen. Für unsere einfache Krippe wählen wir eine der ältesten Zaunformen, die wir auch häufig auf gotischen Weihnachtsdarstellungen entdecken, den Flechtzaun (siehe Bild Seite 26). Er hat den Vorteil, daß er leicht herzustellen ist. Schneiden Sie sich dazu als Pfosten Zweigstücke von etwa der halben Figurengröße, die ein wenig dicker sein müssen als die Pfostenlöcher, die Sie am vorderen Rand des Bodenbrettchens Ihrer Krippe in regelmäßigen Abständen bohren. Damit die Pfosten gut sitzen, werden sie

unten zugeschnitzt und eingeleimt. Das Geflecht selbst können Sie entweder aus Stroh oder aus biegsamen Ruten herstellen. Weichen Sie das Flechtmaterial im heißen Wasser ein, damit es elastischer wird, und fixieren Sie es an den Berührungsstellen der Pfosten mit etwas Leim. Je dichter das Geflecht, desto schöner der Zaun.

Stallähnlicher Unterstand

Etwas aufwendiger gestaltet sich der nachfolgende, schon mehr einem Naturstall ähnelnde Unterstand. Man verbindet zwei geeignete, gekrümmte Wurzeln zu einer torartigen Öffnung (siehe Bild unten). Die Verbindung geschieht mit einer Strähne Hanf unter Verwendung von Leim. Dieses »Tor« schraubt man – solange der Leim noch nicht erhärtet ist und kleine Korrekturen noch möglich sind – ebenfalls unter Zuhilfenahme von Leim auf ein Brettchen, das genügend groß ist, um auch die rückwärtige Ausladung der Höhle aufzunehmen.

Sehr gut eignen sich für eine solche torartige Öffnung auch die auf den Kopf gestellten Wurzeln zweier abgestorbener Fichtenbäumchen. Diese leiten mit ihren Verzweigungen beidseitig zu Nebenhöhlen über, die man nach Wunsch als Schafpferch oder Hirtenhöhle ausbauen kann. Um dem »Torbogen« die nötige Standfestigkeit zu verleihen, wird man ihn von rückwärts durch einen oder mehrere Wurzelbögen, die gleichzeitig die Begrenzung der Höhle markieren, abstützen (siehe Bild oben).
Die Rückwand der Höhlung formen Sie am einfachsten aus leicht geknittertem Karton, den Sie der besseren Bearbeitbarkeit wegen ganz kurz einweichen. Bestreichen Sie die Verbindungsstellen von Holz und Karton satt mit Kaltleim und drücken Sie den Karton mit dem Pinsel gut an. Berücksichtigen Sie, daß die Höhle groß genug wird, um Ochs und Esel aufzunehmen. Fugen, Stöße und sonstige unschöne Stellen kann man mit Stoffstreifen, etwas Papiermaché, Plastika oder Moos überdecken. Wenn alles gut durchgetrocknet ist, werden die angeformten Partien mit Dispersionsfarbe oder Plaka dunkelbraun oder steingrau grundiert und in noch halbfeuchtem Zustand im Farbton der Wurzeln übergangen. An den tiefliegenden Stellen bleibt dann die Grundfarbe sichtbar. Die Höhlung selbst

Die Höhlenrückwand wurde ebenfalls mit einigen gewöhnlichen, zusammengeschraubten Wurzeln gebildet und die untere Öffnung, da momentan nichts besseres zur Hand war, mit einer grob eingepaßten Preßspanplatte geschlossen.

Auch ohne besonders geeignete Wurzeln kann man mit etwas Einfühlungsvermögen einen ansprechenden Wurzelstall bauen. Zwei etwas verwundene Wurzelteile (links und oben) und der oben verzweigte Stamm eines alten Busches (rechts) sind zu einer torartigen Öffnung zusammengesetzt. Ein Schrägschnitt der oberen Wurzel bewirkt, daß sie sich an den rechten Stamm anschmiegt. Die Verbindungsstelle wurde unter Zuhilfenahme von Leim mit Hanf umwickelt. Die unschöne Stelle wurde später mit Bartmoos überdeckt. Die graue Bartflechte aus unseren Bergwäldern würde sich dazu ebenfalls gut eignen.

GLORIA IN EXCELSIS DEO

halten Sie dunkel, damit sich die Figuren davor gut abheben.

Das Dach als oberer Abschluß wird bei der Feldhütte beschrieben (siehe Bild Seite 11). Anstatt der gegabelten Aststützen können Sie auch eine Balkenkonstruktion (siehe Bild Seite 102/103) wählen und statt des Strohdaches ein Schindeldach. Vielleicht versuchen Sie es bei der Dachdekkung einmal mit den auf Karton aufgeklebten Schuppen eines Pinien- oder Weymouthskieferzapfens. Auch zu dieser Krippe paßt ein Flechtzaun, wie er bei der Feldhütte beschrieben ist.

Bau einer Wurzelhöhle

Die erforderlichen Wurzeln finden Sie am ehesten in Hochgebirgswäldern oder in Wildbächen. Vor allem nach der Schneeschmelze lagert sich z. B. auf den Sandbänken der Alpenflüsse brauchbares Material ab. Dort gibt es übrigens auch glimmerhaltigen Sand, der im Krippenbau gerne verwendet wird.

In alten Buchenwäldern findet man besonders lebhaft geformte, aber oft schon halbvermoderte Wurzelstöcke. Hiervon dürfen Sie nur die festen Stücke verwenden. Alle weichen Teile sind mit der Drahtbürste restlos zu entfernen. Ideal ist es, wenn man für die Stallhöhle eine schöne, schalig geformte Wurzel gefunden hat, die für sich allein schon einen vollkommenen Raum bildet. Es geht aber auch mit zwei oder drei einzelnen, bewegt geformten Wurzeln, die sich möglichst lückenlos zusammenfügen lassen.

Der Höhleneingang soll in seinem höchsten Punkt knapp die doppelte Figurengröße erreichen. Fehlende Höhe gleicht man im Bodenbereich

WURZELHÖHLE
FÜR TONMODELFIGUREN (BACHENE).
Die fertige Krippe siehe Seite 8/9. Bei der rechten Wurzel wurde durch einen Sägeschnitt eine Auflagefläche geschaffen. Die linke Wurzel wurde unten nur mit einer Raspel abgeflacht. Von unten her sind beide Teile auf das Brett geschraubt, im Scheitel verbindet die Wurzeln eine versenkte dritte Schraube.

◀ STALLÄHNLICHER UNTERSTAND
Zur Modellierung der felsenähnlichen Oberfläche der Rückwand wurde ein grauer Karton eine Minute lang in Wasser eingeweicht, zusammengeknüllt und fest ausgedrückt. Sodann wurde er wieder auseinandergezogen und auf die Spanplatte geleimt. Vor allem die Ränder müssen satt angeleimt werden! Einige dunkelbraune, grüne und ockerfarbene Farbspritzer verleihen dem Karton den Charakter eines Felsenpapiers. Das primitive Dach aus einzelnen Holzschindeln gibt dem Stall Tiefe und vermittelt den Eindruck einer von Menschen notdürftig zu einem schützenden Unterstand ausgebauten Naturhöhle. Der knorrig abstehende Ast rechts oben ist eine eingesetzte Wurzel, an deren Ende etwas Moos geklebt wurde. Ein Halbkreis von Steinen schließt den Bereich der Krippe ab.
Manche Reisende in das Heilige Land bringen als Andenken an die besuchten heiligen Stätten Steine mit nach Hause. Um den Stall gelegt, stellen sie eine unmittelbare, ganz persönliche Beziehung zur Krippe her. Über den Stall ist ein Wacholderast gebogen. An seinen Zweigen hängen der Stern und das selbstverfertigte Gloria-Band. Die Figuren sind einfache Pappmachéware vom Flohmarkt.

WURZELHÖHLE
Das ist der eigentlich recht primitive Rohbau der Krippe auf Seite 17/18. Er soll diejenigen Krippenfreunde ermutigen, die sich kein Geschick zum Krippenbauen zutrauen. Auch scheinbar unzulängliche Ergebnisse können weihnachtliche Freude bereiten.

mit Klötzchen aus, auf die man die Wurzeln stellt, und die anschließend durch Verblenden mit einem Rinden- oder Wurzelstück oder durch Kaschieren mit Plastika, Karton oder einem Stück Rupfen unsichtbar gemacht werden. Plastika ist eine Modelliermasse, ähnlich dem Papiermaché, und in Bastelgeschäften erhältlich.

Wie fügt man nun die Wurzelteile zusammen? Nageln ist schlecht, da die Wurzeln meist aus hartem Holz mit unregelmäßigem Faserverlauf bestehen. Wo es möglich ist, kann man lange, dünne Holzschrauben verwenden. Während man die Wurzel in der gewünschten Lage festhält, durchbohrt man sie und die Unterkonstruktion in einem Arbeitsgang mit einem Bohrer, dessen Durchmesser um 1,5 mm kleiner ist als die Schraubenstärke. Dann weitet man im Bereich des Schraubenschaftes das Loch auf den Schraubendurchmesser auf und bohrt schließlich das Senkloch für den Schraubenkopf. So kann die Wurzel auf die Unterkonstruktion geschraubt werden, wobei die Holzflächen, die sich berühren, mit Kaltleim vorgestrichen werden. Um eine gute Stabilität zu erreichen, empfiehlt es sich, zuvor mittels Säge oder Raspel größere Berührungsflächen zu schaffen, vor allem auf der Unterseite, wo die Wurzeln auf dem Bodenbrettchen aufliegen. Statt Schrauben kann man auch gekaufte oder selbstgeschnitzte, 5 mm starke Rundstäbchen verwenden, die man mit dem Hammer in die Bohrungen eintreibt. Die Stäbchen müssen am Vorderende leicht angespitzt oder abgerundet sein, damit sie gut schlüpfen. Die ganze Höhle befestigt man von unten her mit Senkschrauben auf dem dafür bestimmten Brettchen.

◀ *Seite 16/17:*
WURZELHÖHLE
Aus einer Verlegenheit heraus entstand dieser einfache Wurzelstall. Eine Krippenfreundin wollte ihre hübschen, aus Ton selbst modellierten und glasierten Figuren in einer Krippenausstellung präsentieren, besaß aber keinen Stall. Schnell wurden die nächstbesten herumliegenden Wurzeln auf bestmögliche Weise improvisiert zusammengesetzt und auf ein Brettchen geschraubt. Der rückwärtige Teil wurde mit Moosplatten geschlossen, aber so, daß die erdige Wurzelseite dem Besucher zugekehrt ist.
Man kann sich darüber streiten, ob die bizarr nach oben ausladende Wurzel besonders schön ist und ob eine geschlossene Form nicht besser wäre. Hier wurde sie eben belassen. Aber auf das Strohdach hätte man wohl kaum verzichten können. Die Krippe hätte sonst zu kahl ausgesehen.
Um die Landschaft zu gliedern, wurden mit Wurzeln und Brettchen Höhenunterschiede geschaffen. Sehr schön würden hier als Hintergrund auch einige lebende Pflanzen, wie Weihnachtssterne, Agaven, Clivien usw. wirken.

Ausgestaltung (Pflanzen, Steine und Kerzen)

In der Wurzelkrippe sehen lebende Pflanzen sehr gut aus. Im Grunde können Sie die Krippe mit allem umgeben, was zu Weihnachten grünt und blüht, wenn es in der Größe nur einigermaßen dazupaßt: Weihnachtssterne, Clivien, Yuccapalmen, Kakteen. Sehr schön und beziehungsreich sind Christrosen. Steht die Wurzelhöhle erhöht, so kann man den Höhenunterschied zwischen dem Grundbrett und dem Bodenbrettchen des Stalles geschickt nutzen, um die Pflanzentöpfe verschwinden zu lassen. Mit Rinden oder Wurzeln und Moos kann man sie von vorne verblenden.

Bisweilen ist es Brauch, von heiligen Stätten, die man als Urlauber oder Pilger besucht hat, als Andenken einen Stein mit nach Hause zu bringen und an Weihnachten in die Krippe zu legen. Das paßt zu einer Wurzelkrippe in besonderem Maße. Wollen Sie am Weihnachtsabend vor Ihrer Krippe die Kerzen anzünden, dann denken Sie an die besondere Feuergefahr, die von dem trockenen Material ausgeht.

MITTELSCHWÄBISCHER KRIPPENBERG ALS ECKKRIPPE
Dieser Krippenberg ist eine ausgebaute und »verfeinerte« Wurzelkrippe. Das Wurzelwerk ist mit Sand und »Glastalg« bestreut. Da es nicht leicht ist, Tonmodellfiguren zu erhalten, kann an dieser Stelle die Reproduktion der Papierkrippe von Konrad Huber empfohlen werden, die als Ausschneidebogen in zwei Teilen im Handel erhältlich ist. Damit die Figuren für die hier gewählte Krippengröße passen, wurden die Bogen mit dem Farbkopierer auf 70% verkleinert. Die ausgeschnittenen Figuren sind rückseitig mit Stäbchen versteift. Bei den in das Moos zu stellenden Figuren spitzt man die Stäbchen unten zu und läßt sie einen knappen Zentimeter hervorstehen. Ein dickeres Moos gibt den »Steckfiguren« mehr Halt als das dünne »Steinmoos«. Grundsätzlich ist bei Papierfiguren zu beachten, daß alle Figuren senkrecht zum Beschauer stehen müssen. Man darf sie also nie schräg zum Stall hingewandt aufstellen.
Im Stalldach sind die Kornähren mit eingearbeitet.
Die Kornähre bedeutet in der christlichen Symbolsprache den eucharistischen Christus, das »Brot des Lebens«.

Wer diesen schönen Gesichtspunkt in seiner Krippe zum Ausdruck bringen möchte, der kann das Stalldach mit dicht nebeneinanderliegenden Ähren decken. Die Stirnseite des Grundbrettchens wird gerne mit einer Häkelspitze verdeckt. Arme Leute verwendeten Papierspitze. Wie hübsch eine selbstgeschnittene Spitze aussehen kann, zeigt unser Bild. Dazu wird ein Papierstreifen mehrmals zusammengefaltet und mit der Schere eingeschnitten. Bei einem Streifen dieser Länge (70 cm) sind dafür allerdings drei bis vier Arbeitsschritte erforderlich.

Mittelschwäbischer Krippenberg

Herkunft, Größe und Form

In Mittelschwaben, das ist grob gesprochen die Gegend westlich von Augsburg bis zur Iller, hat sich ein Krippentyp erhalten, der auf altem barockem und nachbarockem Gedankengut gründet. In den Abmessungen zwischen einem halben und etwas über einem Meter schwankend, war er für geschnitzte Figuren von etwa 8 cm und für die kleineren, reliefartigen Tonmodelfiguren, die sogenannten »Bachenen«, oder auch für Ausschneidefigürchen aus Papier gedacht. Ab der letzten Jahrhundertwende werden diese Krippenberge auch mit Pappmaché – und noch später mit »Massefiguren« besetzt. Da dieser Typus eine unwirkliche, idealisierte Landschaft darstellt, passen zu ihm sehr gut einfache, nicht zu perfekt und naturalistisch gestaltete Figuren.

Solche Wurzeln können das Material für den mittelschwäbischen Krippenberg bilden. Man findet sie an umgestürzten Bäumen. Sie müssen aber geschält und noch zerkleinert werden.

Mit Glück und Geduld kann man heute noch einige schwäbische Krippenfreunde ausfindig machen, die in der Lage sind, Figuren zu schnitzen oder Repliken der Tonmodelfiguren herzustellen. Die Größe des Berges richtet sich nach Anzahl und Größe der Figuren.

Geht man davon aus, daß die Stallöffnung eineinhalbmal so hoch wie eine Figur sein muß und der Stall samt Dach somit etwa die doppelte Figurengröße erreicht, dann errechnet sich die Höhe des gesamten Berges etwa als vier- bis sechsfache Größe einer Figur. Die Breite beträgt dann etwa das Doppelte bis Dreifache der Höhe. Seitlich, beziehungsweise rückseitig, wird der Berg durch Holzwände abgeschlossen, so daß eine Art Kasten entsteht. Den Grundriß bildet entweder ein Dreieck, beziehungsweise eine Art Viertelkreis, oder ein Trapez, ähnlich wie bei einer Puppenküche. In den Bauernstuben hatte die Krippe ihren Platz im Herrgottswinkel. Da die meisten derartigen Krippen im kleinbäuerlichen Milieu heimisch waren, wo auch mit dem Raum gespart werden mußte, war die Eckkrippe die ideale Lösung. Stand etwas mehr Platz zur Verfügung, dann konnte man sich eine Krippe mit dem breiten, sich nach vorne leicht öffnenden Grundriß leisten. Die gleichen Überlegungen spielen auch heute noch eine Rolle, wenn man darangehen will, eine solche Krippe zu bauen.

Grundriß, Vorder- und Seitenansicht. Die Maße gelten für 7 cm große Figuren.

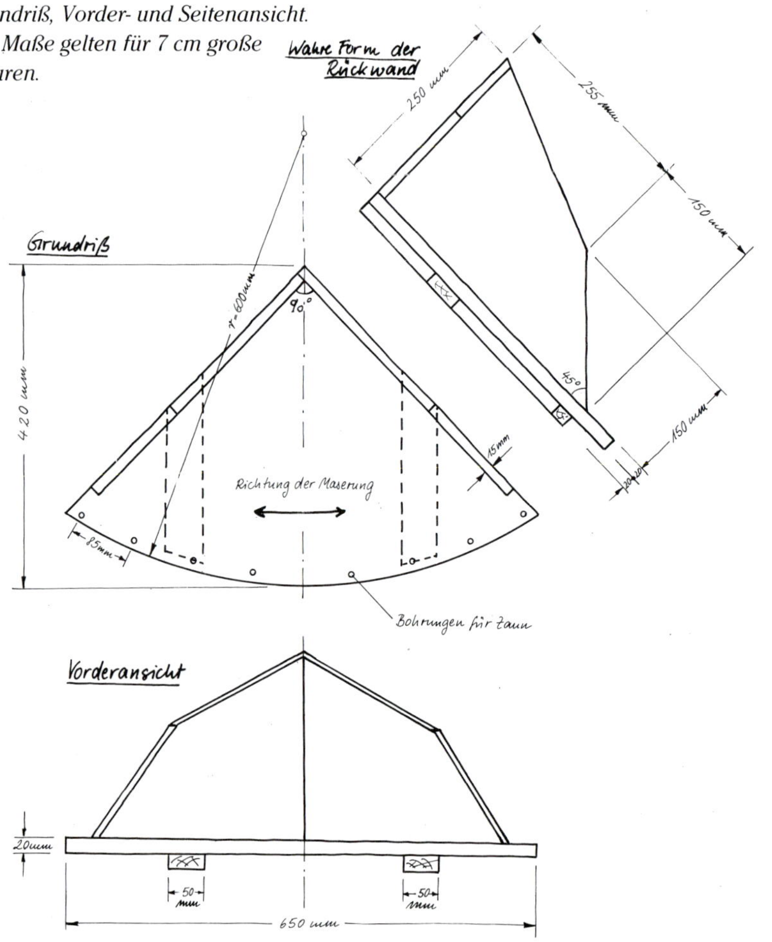

Das Grundgerüst des Berges

Das Grundbrett wählt man so, daß die Fasern der Breite nach verlaufen. Um ein Wölben des Bretts zu vermeiden, sperrt man es mit zwei oder drei unten aufgeleimten und verschraubten Latten. Damit deren Stirnflächen vorne nicht sichtbar werden, schrägt man sie nach unten ab oder blendet eine Deckleiste davor. Ein schöner Brauch, in dem das Motiv des Opferaltares anklingt, ist es auch, eine Handarbeitsspitze oder auch nur eine einfache Papierspitze vorzuhängen. Auf diese Weise werden die Latten verdeckt.

Der Berg selbst ist axialsymmetrisch angelegt, d. h. daß der Stall genau in der Mitte steht. Auf mehreren stufenförmig übereinanderliegenden Terrassen oder Ebenen können die Figuren sehr gut aufgebaut oder gruppiert werden. Je weniger sie mit dem eigentlichen weihnachtlichen Geschehen zu tun haben, umso weiter entfernt bekommen sie ihren Platz. Die erste Etage über der Grundebene bildet praktisch die Stalldecke. Beidseitig führen Rampen oder Treppenstufen hinauf, wobei die Stufen gegenüber den Rampen den Vorteil haben, daß die Figuren darauf senkrecht stehen. Man kann aber auf die Rampe an den geeigneten Stellen passend abgeschrägte Holzkeilchen aufleimen, damit die Figuren darauf geradestehen. Die Stufen müssen übrigens nicht in den Proportionen wirklicher Trittstufen gehalten werden, sondern können ohne weiteres größer sein. Dies ist einer der Fälle, in denen eine naturalistische Wiedergabe langweilig wäre. Der Stall selbst steht um eine oder besser zwei Stufen erhöht auf dem Grundbrettchen. Legen Sie den Stall gleichzeitig mit den umlaufenden Etagen an, indem Sie ihn mit Brettchen als Seitenwände begrenzen und mit der beidseits sich als »Höhenweg« fortsetzenden Stalldecke abdecken. Mittels Leim und einigen Nägeln bekommt diese Grundstruktur ihre nötige Stabilität. Die bemaßte Skizze zeigt das Konstruktionsprinzip des Berges. Weichen die eigenen Krippenfiguren von den zugrundegelegten Größen ab, so bereitet es gewiß keine Schwierigkeiten, die Abmessungen dementsprechend zu verändern. Man sollte beim Anlegen des Berges auch schon überlegen, wohin man welche Gruppen zu stellen wünscht und dort den erforderlichen Platz vorsehen. Häufigeres Ausprobieren hilft Fehler zu vermeiden.

Die »Felslandschaft«

Sein charakteristisches Aussehen erhält der Berg durch die applizierten Wurzeln, »Stumpen« oder »Rinden«. Ich verwende keine Rinden, da sie mir nicht fest genug erscheinen und den Berg zu wenig gliedern, doch kenne ich auch alte Krippenberge mit Kiefern- oder nur Fichtenrinde.

»Stumpen« nennt man die halbverfaulten Wurzelstöcke. Es können jedoch nur die noch nicht vermoderten, festen Teile verwendet werden, die nach kräftiger Bearbeitung mit einer Drahtbürste übrigbleiben. Wurzeln von Nadelbäumen findet man, wo gerodet wurde, oder wo der Sturm Bäume umgelegt hat. Man sucht sich bei ihnen die stark verzweigten und gewundenen Partien aus und schält sie vor ihrer weiteren Verwendung. Für ein- und dieselbe Krippe sollte man möglichst einheitliche Wurzelsorten verwenden, doch Ausnahmen bestätigen die Regel. Die einzelnen Stücke brauchen nicht besonders groß zu sein, doch sollen sie eine große Formenvielfalt aufweisen. Sie müssen sich eine reichliche Menge zur Auswahl zurechtlegen, um immer Teile zur Hand zu haben, die sich harmonisch aneinanderfügen. Um bei der beschränkten Raumtiefe möglichst viel Stellmöglichkeit für die Figuren zu schaffen, läßt man die Wurzeln nach oben konsolenförmig überkragen. Dadurch schafft man zugleich höhlenartige Räume für die Hirten, Tiere, Jäger, die Eremiten und dergleichen. Schon beim Anlegen der »Höhenwege« müssen Sie berücksichtigen, daß die Wurzeln oder Rinden, mit denen Sie die Stirnseiten der Brettchen und die Rückwände des Kripplchens verdecken, 1 bis 3 cm auftragen und entsprechend Platz benötigen.

Erste Bauphase mit Grundgerüst, bevor das Wurzelwerk integriert wird. Probehalber ist der Zaun mit aufgebaut. Abweichend von der Anleitung im Text wurde hier Preßspan verarbeitet.

Auch nach der Anbringung des Wurzelwerks bleibt die theaterähnliche Grundstruktur sichtbar.

GLORIA IN EXCELSIS

◀ *Seite 22/23:*
KRIPPENBERG, GROSSE VARIANTE
Beim Bau der waagerechten und schiefen Ebenen, der Wege und Treppen muß berücksichtigt werden, daß die an die Rückwand geleimten Wurzelstücke auftragen. Die Brettchen müssen also immer so breit sein, daß dann noch Figuren Platz haben. Im Gegensatz zu vielen originalen Krippen dieser Art, wurden hier die Wurzeln nicht besandet. Das wäre in diesem Falle sogar schade gewesen, da besonders schön strukturierte Wurzeln ausgesucht worden sind.
Die Fassade des Höhlenstalles besteht aus festem Karton mit aufgemaltem Mauerwerk. Man hätte die Toröffnung noch gut mit zwei Halbsäulen aus dem Stengel des Liebstöckel (Levisticum officinale) flankieren können. Im Stall hängt eine elektrisch beleuchtete Laterne. Der Transformator dazu läßt sich leicht in einem Hohlraum auf der Rückseite des Berges unterbringen.
Die in das Bodenbrett eingelassenen Zaunsäulen dürften aus Gründen der Stabilität etwas dicker sein. In unserem Beispiel bestehen die Holme aus sehr dünnen Holzstäbchen. Im Zaunfeld ganz rechts sind sie schon gebrochen. Man sollte sie deshalb ebenfalls stärker halten oder aus dickem Draht herstellen.
Der alten Tradition folgend sind in der Krippe Tonmodelfiguren aufgestellt. Diese kann man mit etwas Beharrlichkeit und Geduld bei einigen Krippenbauern in der Region Krumbach/Ichenhausen in Mittelschwaben bekommen.

Wie befestigt man nun die einzelnen Wurzelteile? Sie können versuchen, dort, wo sie an einer ebenen Fläche anliegen sollen, eine dazu passende Fläche mit einem Sägeschnitt herzustellen. Das wird jedoch nicht immer gelingen. Dann sollen die Wurzeln aber mindestens an zwei, besser an drei Punkten anliegen. Klaffende Stellen füttern Sie mit einem eingeleimten Keilchen auf. Dann durchbohren Sie mit einem 4-mm-Bohrer Wurzel und Unterlage und versplinten beide Teile unter Verwendung von Leim mit einem Holzstift. Zur Not hilft wohl auch ein Nagel oder eine schlanke Schraube, um Festigkeit zu verleihen, doch ist in jedem Falle vorzubohren, da die Wurzeln sonst gesprengt werden könnten und die Nägel bei meist federnder Unterlage nicht »ziehen«. Soweit Nägel und Schrauben aber von vorne eingebracht werden, muß man ihre Köpfe versenken und das Loch mit einer Mischung aus Sägemehl und Leim verschmieren, damit sie später nicht unangenehm glänzen.

Lassen Sie sich zu dieser Arbeit Zeit. Betrachten Sie das Werk ab und zu aus der Entfernung, kneifen Sie die Augen zusammen, um zu kontrollieren, ob die Formen harmonisch verlaufen. Machen Sie mit den Figuren ab und zu eine Stellprobe und scheuen Sie sich nicht, mißlungene Partien abzuändern. Es ist ein besonderes, nicht zu beschreibendes Gefühl, zu erleben, wie die Landschaft langsam Gestalt annimmt. Achten Sie auch darauf, daß sich keine Hohlräume bilden, durch die später Figuren rutschen können, ohne jemals wieder aufzutauchen!

Der Stall

Nun sind noch einige Einzelheiten erforderlich. Dabei darf man nicht in den Fehler verfallen, die Krippe besonders »rustikal« gestalten zu wollen. Nachdem bereits die Wurzeln dem Berg eine urtümliche Wirkung verleihen, müssen die Details bewußt strenge und klare Formen erhalten,

an denen das Auge Halt findet. Als Vorderseite des Stalles wählt man eine einfache Zimmermannskonstruktion, also zwei Pfosten mit Kopfbändern und einen darüberliegenden Balken. Oder man bildet die Frontseite als Mauerwerk mit Bogen aus, als Symbol für die Ruine des alten Hauses David (siehe Bilder Seite 67 u. 68), des zu Ende gehenden Alten Testaments. Es genügt, wenn diese Fassade aus starkem Karton besteht. Das Gemäuer malt man mit Schattenfugen auf (siehe Bild Seite 22/23). Sie können aber auch dünne, rechteckige Rindenstückchen mit abgeschrägten Kanten als Mauersteine auf den Karton leimen (siehe Bild Seite 68/69). Wenn Sie die Fassade besonders repräsentativ gestalten wollen, setzen Sie an beide Seiten eine Halbsäule. Dazu eignet sich wegen seiner Kanneluren sehr gut der verholzte Stiel des Wiesenkerbels (Antisens silvestris). Die runden Säulenbasen und -kapitelle kann man aus Rinde schnitzen. Ein schräg nach vorn abfallendes Strohdach deckt die vordere Stallpartie ab. Man leimt hierfür Strohhalme auf ein zurechtgeschnittenes Stück Karton, läßt sie vorn etwas unregelmäßig überstehen und näht sie der Haltbarkeit wegen im oberen Drittel mit Zwirn auf die vorgestochene Unterlage. In Krippen des Salzburger Landes wird das Dach mit kleinen Weizenähren gedeckt (siehe Bild Seite 26), was einen Hinweis auf die Eucharistie darstellt. Es dürfte wohl erlaubt sein, hier diese Anleihe aus einer anderen Krippenregion zu machen. Wenn sich infolge der einseitigen Leimung der Karton des Daches leicht durchbiegt, so ist dies ein durchaus erwünschter Effekt.

Der Zaun

Zur mittelschwäbischen Krippe paßt am besten ein Lattenzaun. Die Pfosten bestehen aus oben abgeschrägten Vierkantstäbchen, die unten einen angeschnitzten Zapfen zum Einleimen haben. Die Stangen werden in Bohrungen der Pfosten gesteckt und verleimt (vgl. Bild Seite 26). Die Zaunlatten, die Sie breiter machen sollten, als sie in Wirklichkeit vorkommen, werden aus Hirnholzstreifen gespalten und auf die Stangen geleimt. Zur Anordnung des Zaunes teilt man die Frontseite der Krippe so ein, daß sich eine ungerade Zahl von Feldern ergibt, wobei das mittlere Feld in der Breite von den anderen abweichen kann. Dieses Mittelfeld bleibt offen, damit der Blick auf das Christkind nicht verstellt wird (siehe Bild Seite 19).

SCHWÄBISCHES KRIPPENKÄSTCHEN
Viel bewundert werden die miniaturhaften verglasten Krippenkästchen, doch ist die Hauptvoraussetzung, daß man dafür entsprechend kleine Figuren besitzt. Hier sind es in Model gegossene Wachsfigürchen, in einem anderen Beispiel Papierfiguren (siehe Bild Seite 104/105). Auch Zinnfiguren eignen sich gut. Das Kästchen selbst, dessen Seitenwände und Decke schräg gestellt werden, besteht aus dünnen Brettchen oder festem Karton. Auf der Schauseite wird es von einem Rahmen eingefaßt. Man sollte darauf achten, daß der Rahmen entfernt werden kann, um nachträglich erforderlich werdende Eingriffe zu ermöglichen. Deshalb klebt man ihn zweckmäßigerweise nur mit einem festen Papierstreifen und wasserlöslichem Kleister an das Kästchen.
Im übrigen ist dieses Kästchen nach den gleichen Gesichtspunkten gebaut wie die mittelschwäbische Krippe.

Details für Krippen

DACH
MIT FICHTENZAPFENSCHUPPEN
Recht hübsch sieht ein Dach aus, das mit den Schuppen eines Fichtenzapfens gedeckt ist. Die einzelnen Schuppen werden mit Kaltleim auf Karton geleimt. Sehr gut passen dazu stilisierte Bäumchen aus Föhrenzapfen (siehe »Stilisierte Fassade einer Ruinenkrippe«, Seite 70).

DACH AUS KORNÄHREN
Als Symbol für die Eucharistie wird das Dach gern mit Weizenähren gedeckt.

FUTTERRAUFE
Diese kleine Raufe ist trapezförmig. Die Sprossen wurden an die untere Leiste mit Dreiecksprofil angeleimt. Eine leiterförmige Futterraufe ist in den Bildern Seite 11/12 zu sehen.

STANGENZAUN
Diese Zaunelemente bestehen aus Vierkantstäben (Fichte). Die Säulen sind oben pyramidenförmig abgeschrägt, die Stangen sind hochkant eingesetzt (siehe mittelschwäbische Eckkrippe).

SPÄLTENZAUN
Als Zaun zu einer alpenländischen Krippe eignet sich gut die urtümliche Form des Pinzgauer Zaunes (Giascht'nzaun). Er besteht aus jeweils zwei oder drei leicht gekreuzt in den Boden geschlagenen »Stecken« und den schräg eingelegten Brettern (Giascht'n) aus gespaltenem Holz. Der Zaun wirkt besonders gut in Hanglagen und in leicht geschwungener Linienführung

ZAUNELEMENTE
aus der Nassereither Krippe. Die Zaunlatten sind aus gespaltenen Fichtenspänen, oben spitz zugeschnitzt und eingekerbt. Dadurch entsteht eine Balusterform. Sie wurden absichtlich breiter gemacht als bei einem echten Zaun.

FLECHTZAUN AUS STROHHALMEN
Die Pfosten werden unten in das Brett eingelassen und oben schräg abgeschnitten. Das Stroh muß vor dem Flechten einen Tag lang eingeweicht werden.

Schlucht, Bach, See

Ist der Berg groß genug, so sollte man irgendwo seitlich einen Wildbach vorsehen, der auf den Beschauer zufließt. Zu diesem Zweck werden die waagrechten Terrassen etwa auf ihre halbe Tiefe oder mehr eingeschnitten. Man bildet den rückwärtigen Abschluß, also die Bachsohle, mit einem schmalen, steil eingefügten Brettchen und säumt die Kanten der Schlucht mit geeigneten Wurzeln, die sich gut anschmiegen (siehe Bild Seite 27). Ein halsbrecherischer Steg vervollständigt die romantische Situation. Das Wasser des Wildbaches kann man recht gut aus leicht geknitterten Stanniolstreifen, also Zinn, herstellen, mit dem manche Weinflaschen auch heute noch verschlossen sind. Auch Lamettafäden eignen sich zur Not. Aluminiumfolie dagegen hat einen zu harten Glanz. Wenn es der Platz erlaubt, läßt man den Bach in einen kleinen Weiher münden. Man vertieft zu diesem Zweck das Brett muldenförmig, muß es dabei wohl von unten her aufdoppeln, um eine größere Tiefe zu erzielen, und legt darüber eine leicht gewellte Glasplatte. Das Moos, mit dem man das Grundbrettchen auslegt, läßt man in der Uferzone so auslaufen, daß es die Glaskante überdeckt.

Auf diesem Ausschnitt aus der Nassereither Krippe (siehe Seite 101) entdeckt man die aus Stoff kaschierten Bergspitzen, ein knorriges Aststück als aufragenden Felsen, ein Wäldchen aus Föhrenzapfenbäumen, eine Schlucht, die von zwei Wurzeln gesäumt ist, den glänzenden Wasserlauf eines Wildbachs aus Stanniol (vgl. provençalische Korkkrippe), darüber hinwegführend einen leicht gewölbten Steg mit Geländer und im Vordergrund einen einfachen Flechtzaun.

Sand, Farbe, Glimmer

Schließlich wird der Berg mit Sand bestreut. Es eignet sich dazu am besten glimmerhaltiger Putzsand, wie ihn die Maurer verwenden. Ist der Sand feucht, so trocknen Sie ihn in der Bratpfanne. Dann bestreicht man die Wurzeln auf dem Berg Partie für Partie mit Leim und streut den Sand mit Hilfe eines Kaffeesiebes darüber. Dabei muß man den Berg drehen und wenden, damit der Sand alle Stellen erreicht. Auch der Stallboden und die Wege können besandet werden. Für diese Arbeit eignet sich am besten heißer Tischlerleim, doch ist seine Verwendung etwas umständlich. Kaltleim tut es zur Not auch. Überschüssigen Sand schüttelt man über einem ausgebreiteten Papier ab. Die im Sand enthaltenen Glimmerplättchen lassen den Berg im Kerzenlicht schimmern.

Zuletzt wird der Berg farbig gefaßt. Gehen Sie dabei großzügig vor und nehmen Sie keine Rücksicht auf Einzelheiten, da durch die starke Wurzelstrukturierung und den abschließenden Moosbelag genügend Abwechslung entsteht. Also genügt es, wenn man das Grundbrettchen und die übrigen Standflächen dunkelgrün streicht. Mauerwerk liegt zwischen dunkelrot, braun und ocker. Die eingesandeten Felspartien werden steingrau, erdfarben, hell- oder ebenfalls dunkelgrün, oder bleiben naturbelassen, je nach Geschmack. Am besten verwendet man Plaka- oder Dispersionsfarben. Enthält der verwendete Sand keinen oder zu wenig Glimmer, so kann man auf die noch frische Farbe Glimmerstaub streuen. Echter Glimmerstaub ist allerdings kaum erhältlich, so daß man sich mit künstlichem Glimmer aus dem Kosmetikgeschäft behelfen muß, wenn man es nicht vorzieht, aus zerkleinerten Christbaumkugeln sogenannten »Glastalg« herzustellen. Im Mörser oder mit einer unter leichtem Druck darübergerollten Weinflasche kann man die Christbaumkugeln zerdrücken. Man darf die Splitter aber nicht zerreiben, sonst werden sie mehlig und glänzen nicht mehr. Vor dem Aufstreuen streicht man die Unterlage satt mit dickem Tapetenkleister ein. Er trocknet, ohne Spuren zu hinterlassen.

Beleuchtung und Ausschmückung

An der Stalldecke bringt man ein elektrisches Lämpchen an, das selbst aber unsichtbar bleiben soll. Erforderlichenfalls versenkt man die Fassung in der Stalldecke (siehe Seite 27 und 71). Hirtenfeuer oder Brunnen sind beim einfachen Grundtypus deplaziert. Erst in der erweiterten, romantisierenden Variante haben sie ihre Berechtigung.

Auf keinen Fall aber sollte man es unterlassen, den Berg rückseitig mit Fichten- oder Eibenzweigen abzuschließen, die entlang der Horizontlinie eingesteckt werden und hier den bei anderen Krippen üblichen gemalten Hintergrund ersetzen. Um den Zweigen Halt zu geben, bringt man rückseitig Leisten mit Bohrungen von 3 mm Durchmesser im Abstand von 5 cm an. Dabei ist zu beachten, daß man die Leisten bohrt, bevor sie angesetzt werden, weil sonst der Kopf der Bohrmaschine stört. Die Bohrungen müssen im montierten Zustand lotgerecht verlaufen.

Wenn der Heilige Abend naht, ist alles bereit. Das Grundbrettchen wird mit dünnem Moos ausgelegt, Moos wird auch zwischen einzelne Wurzelspalten gestopft, der Gloria-Engel wird an einen im Hintergrund eingesteckten Drahtbügel gehängt, so daß er frei über der Krippe schwebt.

Heimatkrippen

Zu allen Zeiten haben Künstler das Geschehen der Heiligen Nacht in ihr eigenes Umfeld zu versetzen versucht. Auch viele Krippenbauer bevorzugen die heimatlich geprägte Krippe. Auf alten Gemälden mit weihnachtlicher Thematik sind heimische Bauten und Landschaften zu sehen. Wir erleben Bethlehem orientalisch, »altdeutsch« oder gegenwärtig. Bethlehem kann überall sein. Der geographische Standort bleibt zwar bestehen, aber das Volk paßt die äußeren Verhältnisse seiner eigenen Vorstellungswelt an und bestätigt so die Aktualität der Frohen Botschaft auch noch nach zweitausend Jahren. Der Text der Bibel spricht von einer Futterkrippe. Also können wir als Ort der Geburt des Christkindes einen Schuppen, einen alten Stall, eine als Stall benutzte Ruine oder eine Almhütte annehmen, weil mit einer solchen Örtlichkeit das Abseitige, Ärmliche und Ausgestoßene ausgedrückt werden kann.

Aber bei aller Freude und Unbeschwertheit bei der Gestaltung sei nicht vergessen, daß auch beim Bau heimatlicher Krippen gewisse Grenzen zu beachten sind. Eine Weihnachtskrippe ist kein Puppenhaus. Phantasie und Gestaltungsdrang dürfen sich nicht ins Uferlose verlieren, und die Details sollen nicht das eigentliche Weihnachtsgeschehen überwuchern. Unsere Heimatkrippe soll schlicht und einfach sein. Nur dann kann sie unser Herz bewegen und für die Geheimnisse der Weihnacht öffnen. Aus diesem Grunde ist es auch recht unglaubwürdig, wenn man das Christkind in einem protzigen Erbhof zur Welt kommen läßt. So beliebt auch der große bayerische Bauernhof sein mag – den Gefallen der Autoren findet er nicht. Damit das Gebäude gegenüber den Figuren nicht zu sehr dominiert, wird man seine Abmessungen kleiner halten müssen, als es die wahren Proportionen eigentlich erforderten. Dies ist bei einer bescheidenen Almhütte noch nicht so bedeutsam, wird aber immer wichtiger, je größer das Gebäude im Verhältnis zu den Figuren sein soll.

◀ *Seite 28/29:*
DER ALPENLÄNDISCHE HEUSCHOBER (BLOCKHÜTTE)
Die Blockhütte steht, von großen Felsen (hier kompakte Wurzeln) geschützt, am Rande einer Alm. Charakteristische Details sind die Brücke aus kleinen Ästen und die Sturmsicherung des Daches durch echte Steine. Zu dieser einfachen Krippe passen auch ganz einfache Figuren vom Weihnachtsmarkt sehr gut.

Alpenländischer Heuschober (Blockhütte)

Wenden wir uns als erstes dem Bau eines alpenländischen Heuschobers in Blockhüttenbauweise zu. Bei einer Figurengröße von 8 cm soll die Hütte innen 18 cm breit und 13 cm tief werden. Die Höhe der Stallöffnung beträgt 11 bis 12 cm. Bei anderen Figurengrößen verändern sich alle Abmessungen im gleichen Verhältnis. Man tut sich nun am leichtesten, wenn man die Zeichnung in diesem Buch auf die gewünschte wahre Größe bringt. Soll, wie hier, die innere Breite des Heuschobers beispielsweise 18 cm betragen, dann vergrößert man dieses im Plan auf 6,75 cm verkleinerte Maß um den Faktor 18 : 6,75 = 2,67.

Derartige Vergrößerungen (oder Verkleinerungen) eines Planes sind heute mittels Fotokopierer kein Problem. Geht die Vergrößerung über den Faktor 2 hinaus, sind beim Vergrößern zwei oder mehrere Arbeitsgänge erforderlich. Man kann dann alle Maße in ihrer wahren Länge diesem Plan entnehmen.

Der Rohbau

Das Bodenbrettchen erhält die Abmessungen des Dachüberstandes, in unserem Falle also 35 x 25 cm. Als Baumaterial kann man geschälte oder ungeschälte, gerade gewachsene Ästchen von 12 x 15 mm Durchmesser verwenden, die man entsprechend

Der Heuschober ist hier im Rohbau abgebildet. Geringfügige Abweichungen gegenüber der Bauanleitung sind unerheblich. Beispielsweise sind hier in die Stirnseite der als Dachlattung dienenden Stangen Holzstifte eingesetzt, auf die das Giebelbrett aufgesteckt werden soll. Das Grundbrettchen muß noch kleiner gesägt werden.

Vorderansicht der Blockhütte ohne Giebelbrett (obere Zeichnung).

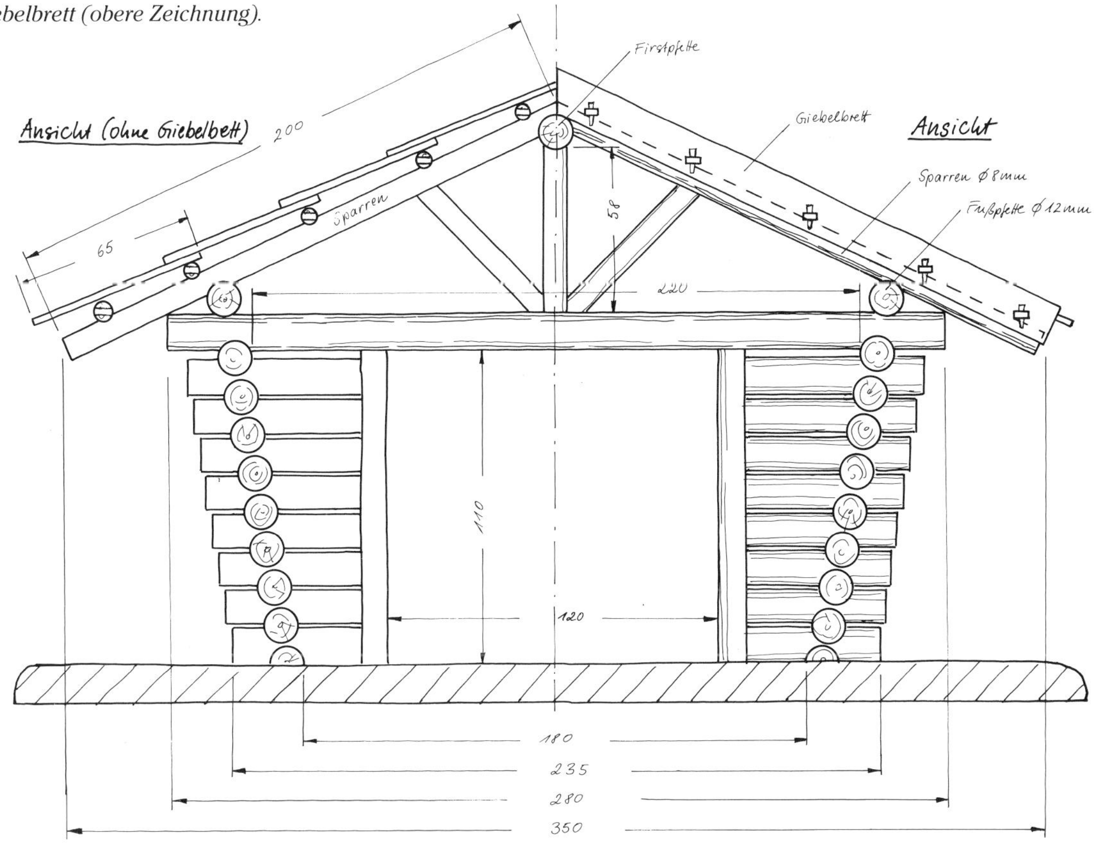

Grundriß (linker Teil) und Draufsicht - ohne Schindeldeckung - (rechter Teil). Die Maßangaben gelten für Figuren von 8 cm Höhe.

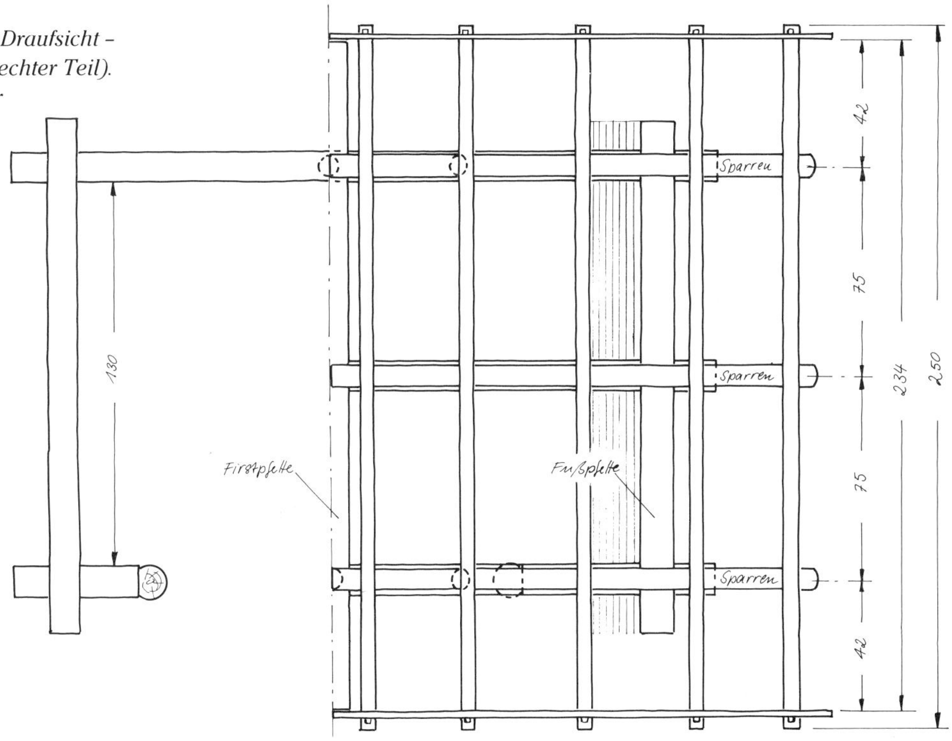

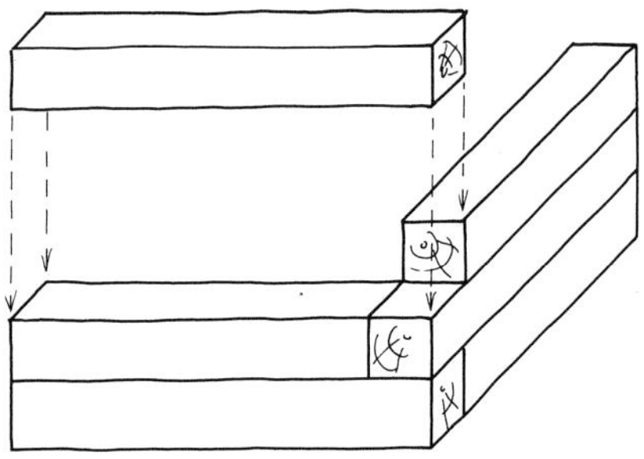

Blockbauweise ohne überkragende Enden.

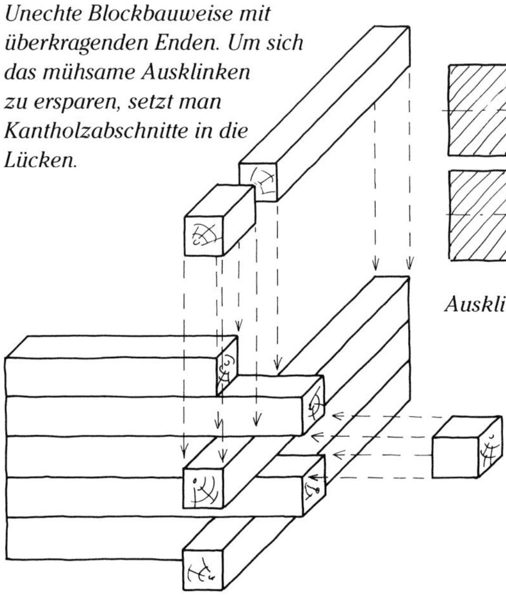

Unechte Blockbauweise mit überkragenden Enden. Um sich das mühsame Ausklinken zu ersparen, setzt man Kantholzabschnitte in die Lücken.

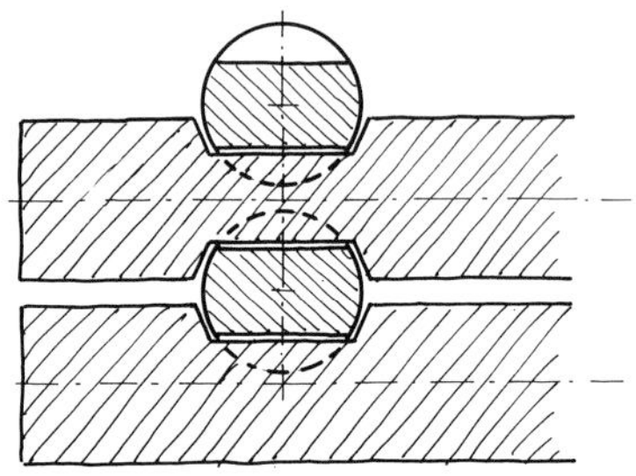

Ausklinken von Rundhölzern.

der Zeichnung einkerbt. Da sich die Äste verjüngen, achten Sie beim Aufeinanderbauen darauf, daß das jeweils dickere Ende abwechselnd auf der einen und auf der anderen Seite zu liegen kommt. Wer besonders naturgetreu arbeiten will, kann geschälte Ästchen von 20 mm Durchmesser verwenden, die auf zwei Seiten auf 14 mm Dicke besäumt werden. Diese »Balken« kann man liegend oder hochkant weiterverarbeiten. Sind keine Ästchen vorhanden oder will man sich die Arbeit erleichtern, können Sie Kanthölzchen mit 14 x 20 mm Querschnitt verwenden. Man spaltet sie aus einem gerade und astlos gewachsenem Stück Fichtenholz. Das ist besser als Zusägen, weil dabei die natürliche Maserung ganz von selbst hervortritt und kleine Unregelmäßigkeiten, wie sie beispielsweise durch Drehwuchs hervorgerufen werden, ein allzu steriles Aussehen des Bauwerkes verhindern helfen. Aber zur Not tun es auch sägerauhe »Balken«. Es hat jedoch immer etwas Gekünsteltes an sich, wenn man glattgehobelte Bauteile nachträglich mit dem Geißfuß oder Hohlmesser auf »rustikal« trimmt. Wer Gelegenheit hat, sich eine alte, verwitterte Lärchenschindel als Ausgangsmaterial zu besorgen, kann die natürliche Maserung und Patina ausnützen.

Klinken Sie also die »Balken« kurz vor den Enden aus und bauen Sie diese zu einer Blockhütte zusammen. Die Giebelwände werden senkrecht aufgeführt, die Seitenwände nach außen leicht geneigt (10 Grad). Die Vorderwand muß offen bleiben, weshalb hier nur die Balkenenden eingelegt und mit je einem Pfosten begrenzt werden. Wenn alles paßt, bestreichen Sie die Berührungsflächen der Balken an den Eckpunkten mit Leim, so daß nichts mehr auseinanderfallen kann, und leimen Sie den Baukörper auf das Bodenbrettchen.

Das Dach

Die Dachbalken (Sparren) ruhen auf den beiden »Fußpfetten« und dem aufgeständerten Giebelbalken (Firstpfette). Darauf liegen als Dachlattung auf jeder Dachseite fünf dünne Stangen, welche die Schindeln zu tragen haben. Die unterste Stange soll im Durchmesser um eine Schindeldicke größer sein, damit die unterste Schindel nicht in ihrer Neigung abfällt. An den Auflageflächen werden die Sparren leicht eingekerbt, damit die Stangen fixiert sind. Wer befürchtet, daß die punktförmigen Verbindungsstellen von Stangen und Sparren durch den Leim keinen ausreichenden Halt geben, kann sie mit Bindfaden kreuzweise umwickeln.

Nun werden die Giebelbretter (Ortgang) angebracht. Man flacht die Stangen an den Enden auf 8 mm Länge ab, schneidet entsprechende Löcher in die Giebelbretter, steckt sie auf die Enden der Stangen und versplintet sie mit einem Holzstiftchen. Damit die Splintlöcher nicht aufreißen, ist es besesr, sie nicht zu bohren, sondern mit einem glühenden Draht durchzubrennen.

Das Dach wird mit etwa 65 mm langen, 20 mm breiten und 2 mm dicken Schindeln gedeckt. Man spaltet sie von einem gerade gewachsenen Fichten- oder Lärchenbrettchen ab. Am schönsten wirkt das Holz einer alten, verwitterten, echten Schindel. Sie können auch auf die Brettchen einer ausgedienten Obststeige ausweichen, was aber nicht ganz so gut aussieht.

Die Schindeln werden, von unten beginnend, in vier Zeilen auf die Stangen geleimt. Dabei werden die Fugen von Zeile zu Zeile mittig versetzt. Die Schindeln sollen sich etwa 10 mm überdecken. Schließlich ist noch die Sturmsicherung aus je vier geschälten und der Länge nach halbierten, 5 bis 6 mm dicken Ästchen und einem ebensolchen für den First aufzuleimen. Diese halten die kantigen Felsbrocken, mit denen das Dach beschwert wird. Die hierzu verwendeten Kieselsteine werden ebenfalls aufgeleimt.

Letzte Arbeiten

Der Heuschober ist jetzt fertig. Soweit er nicht schon eine natürliche Patina aufweist, streichen Sie ihn mit Holzbeize oder mit Plaka. Das Bodenbrettchen erhält einen dunkelgrünen Farbton. Sie können dann noch Baumflechten und ganz feines Moos auf das Dach kleben. Die Umgebung der Hütte wird ebenfalls mit Moos belegt. Einige in das Bodenbrett gesteckte Wacholderzweige ergeben eine Waldkulisse, andere kleine Pflänzchen können das Umfeld zusätzlich beleben. Die Begrenzung bildet ein alpenländischer Weidezaun. Ein Brunnentrog aus einem ausgehöhlten Baumstamm und einige Felsen können die Szenerie vervollständigen.

Varianten

Diese Hütte läßt sich vielfältig abwandeln. Beispielsweise kann man die Wände als Feldsteinmauerwerk aufführen. Dann allerdings müssen auch die Seitenwände senkrecht stehen. Die 2 cm dicken Mauern kann man ganz naturgetreu aus schiefrigen Steinchen unter Zuhilfenahme von Fliesenkleber als Mörtel errichten, oder man schneidet sich unregelmäßige Mauersteine aus Rinden und leimt sie aufeinander. Auch einen größeren Stadel kann man auf diese Weise bauen. Man kann einen Schuppen, ein Vordach, einen Balken oder eine Treppe hinzufügen. Beispiele dafür gibt es genügend.

VORBILDER
FÜR ALPENLÄNDISCHE BAUWEISE
An diesen beiden Beispielen lassen sich Mauerwerk, Dachneigung, Dachdeckung, Fensterausbildung usw. studieren.

Seite 34/35: ▶
ALMHÜTTE
Diese Almhütte ist eine Weiterentwicklung des Heuschobers. Der Unterbau ist in Blockbauweise, das Oberteil verbrettert. Sehr stimmig wirkt das unregelmäßige, steinbeschwerte Schindeldach und dessen Auflagerung. Das Tor zum Schober ist überproportional groß, um die Heilige Familie aufnehmen zu können. Die Grundfläche des Gebäudes mißt 30 x 40 cm. Die gekleideten Figuren sind 17 cm hoch.

Alpenländische Stallhütte

Wenn man das Bauprinzip verstanden hat, bereitet es sicher keine großen Schwierigkeiten, den Krippenstall an die eigenen Bedürfnisse anzupassen. Es ist dabei immer wichtig, daß das Bauwerk wohlproportioniert erscheint. Bei der alpenländischen Bauweise bedeutet dies insbesondere, daß der breit hingelagerte, geschlossene Charakter des Gebäudes gewahrt bleibt. Beobachtungen in der Natur, ein Foto oder eine Skizze aus dem Urlaub können reichlich Anregung geben. Leider finden wir da aber auch manche negativen Erscheinungen. Hochgestelzte Baukörper, bogenförmig aufgerissene Hauswände, wie man sie an protzigen, trotzdem aber mißgestalteten Ferienhäusern des Voralpengebietes sehen kann, klotzige Kamine, Mauerwerk, das mehr an Dampfnudeln als an Stein erinnert, konstruktiv unsinnige Elemente, unmotiviert angebrachte Details und überhaupt jegliche Art von Überladung soll man als schlechte Beispiele erkennen und vermeiden. Wenn Sie sich in mehr oder weniger großer Anlehnung an die hier gezeigten Beispiele für ein bestimmtes Aussehen entschieden und entsprechend den Figuren die richtige Größe festgelegt haben, fertigen Sie in Skizzen einen Entwurf an. Türöffnungen, Fenster, Balkendicken und Mauerstärken sollen ungefähr im richtigen Verhältnis zueinander stehen. Um ganz sicher zu gehen, können Sie aus Karton ein Modell in der wahren Größe anfertigen. In diesem Stadium lassen sich noch am besten Korrekturen durchführen.

Die Seitenaufrisse. Sie zeigen die Giebelseite des Stallteils und eine Frontseite. Die gestrichelte Linie deutet an, wie man das Gebäude in einen Berghang einbauen könnte. Auf diese Weise bestünde die Möglichkeit, im Hintergrund eine zweite, höhergelegene Ebene zum Aufstellen weiterer Figuren, beispielsweise einer Schafherde, zu gewinnen. Damit wäre auch die von der Talseite her etwas hoch wirkende Ansicht motiviert. Im vorliegenden Falle wird aber auf eine Hanglage verzichtet, da bei der vorhandenen Figurengröße von 25 cm die Landschaft sonst zu groß geraten würde.
Die auf der Frontseite des Stallteils sichtbare Steinwand ist die Rückseite des Stalles. Nach vorne ist der Stall offen. Nur der Bretterteil schließt ihn im oberen Bereich nach vorne ab. Das Dach der scheinbar angebauten Heuhütte ist steiler geneigt als das des Stallteils, weshalb dort die Oberkante der Verbretterung tiefer liegen muß. Ganz rechts sieht man noch einen kleinen Anbau, der zur Unterbringung von Gerätschaften dienen könnte.

Das Beschnitzen der Außenwände

Die nachfolgend beschriebene Krippe wurde nicht aus einzelnen Steinen und Brettern erbaut, sondern jede Seite besteht aus einem einzigen Brett, in dessen Oberfläche die Strukturen von Mauerwerk, Verputz und Verbretterung eingeschnitzt wurden. Dieses Bauprinzip kommt also denjenigen Krippenbauern entgegen, die mit Schnitzeisen arbeiten wollen. Dabei sind fürs erste etwa sechs Schnitzwerkzeuge ausreichend: ein Messer, ein Flacheisen, ein sehr schwach gekrümmtes »Balleisen«, ein Hohleisen, ein u-förmiger »Bohrer« und ein v-förmiger »Geißfuß«. Als Werkmaterial eignen sich Brettchen aus gut abgelagertem Zirbel-, Linden- oder Pappelholz.

Als erstes bringt man die Brettchen auf die richtige Dicke. Wo die Mauerstärke sichtbar sein soll, muß sie dem natürlichen Maß von etwa 60 cm entsprechen, das wäre knapp die Knie-

Eine Skizze nach der Natur bildet die Vorstufe zur alpenländischen Stallhütte. Ausgeführt wurde nur das vordere Gebäude.

Die beschnitzte Frontseite mit der Türöffnung und dem kleinen Anbau. Die sichtbaren Überstände der Dachbalken sind bereits eingeleimt.

Die beschnitzte Giebelseite. Obwohl die Wände so unterschiedliche Strukturen wie unverputztes und verputztes Mauerwerk, liegende Balken und senkrechte bzw. waagrechte Verbretterung aufweisen, wurde doch jede Wand aus einem einzigen Brett mit verschiedenen Schnitzmessern herausgearbeitet. Hier kam hauptsächlich der »Geißfuß« zum Einsatz. Die verputzte Wand wurde mit einem sehr flach gewölbten Hohleisen leicht strukturiert. Die verwendeten Bretter aus Zirbelholz – Linde wäre ebensogut möglich – sind immerhin 4 cm dick. Die sichtbare Vorderkante der Giebelmauer wurde im unteren Bereich sogar auf 6 cm aufgedoppelt. Nach oben verjüngt sie sich auf 4 cm. Gestaltet wurde nur, was sichtbar ist, das heißt, daß nur die überstehenden Teile der Dachbalken zur Ausführung kamen. Sie wurden mit der erforderlichen Neigung in die Aussparungen der Außenwände eingeleimt. Darüber wurden in der jeweiligen Größe der Dachfläche Kartonplatten aufgeleimt. Karton hat gegenüber Holz den Vorteil, daß er sich bei der weiteren Bearbeitung leicht verziehen kann und damit erwünschte Unregelmäßigkeiten erzeugt.

Giebel- und Frontseite werden im rechten Winkel zusammengefügt. Der Eckpfosten ist eingepaßt.

höhe einer Krippenfigur. Da im Alpenraum Natursteinmauern vorherrschen, läßt man die Wandstärken nach oben etwas dünner und nach unten etwas dicker werden. Sind die Brettchen nicht dick genug, muß man sie dort, wo die Mauer in ihrer Dicke sichtbar wird, aufdoppeln. In Anlehnung an die Skizze, beziehungsweise das Modell, zeichnet man nun jede Hausseite für sich auf ein Brettchen.

Der Bau wächst. Eine von außen sichtbare Trennmauer (bearbeitet) und der Gegengiebel (unbearbeitet) sind hinzugekommen. Die Hütte steht bereits auf der Bodenplatte, die als Natursteinpflaster beschnitzt ist.

◀ *Seite 38/39:*
ALPENLÄNDISCHE STALLHÜTTE
Der Stall hat die Grundmaße von 40 auf 60 cm und ist bis zum First 50 cm hoch. Die 25 cm großen Figuren sind von Hans Klucker in Oberammergau. Sie wurden von der Ehefrau des Krippenbauers gekleidet.

Die Stöße an den Gebäudekanten legt man möglichst so, daß sie auf der dem Betrachter abgewandten Seite liegen. Dann werden die Umrisse grob ausgesägt. Auf gleiche Weise verfährt man mit dem Bodenbrett, das nicht viel größer als der Hausgrundriß zu werden braucht.

Dann geht es an das Schnitzen. Spannen Sie dabei das Werkstück immer in den Schraubstock oder mit zwei Zwingen auf die Werkbank oder den Tisch, damit Sie zum Arbeiten beide Hände zur Verfügung haben. Mit der einen Hand wird die Klinge des Schnitzeisens geführt, mit der anderen Hand wird gedrückt. Wenn Sie das Werkstück einspannen, vergessen Sie nicht, daß die Schraubstockbacken auf der künftigen Stallwand unschöne Abdrücke hinterlassen, wenn nichts zwischengelegt wird. Halten Sie sich zu diesem Zweck immer einige Furnierstreifen bereit. Achten Sie auch darauf, daß die Schneiden Ihrer Werkzeuge immer scharf sind, und daß sie nicht durch Herunterfallen oder Aneinanderstoßen stumpf und schartig werden. Legen Sie Ihre Messer deshalb bei Nichtgebrauch sofort wieder in die Werkzeugtasche oder in die Halterung zurück. Wer seine Eisen nicht selbst schleifen kann, bringt sie zu einem professionellen Schnitzer oder Schreiner.

Bearbeitet wird nur, was sichtbar ist. Berücksichtigen Sie die Unregelmäßigkeiten, die ein Natursteinmauerwerk kennzeichnen. Die Putzflächen werden ganz leicht mit dem flachen Hohleisen belebt. Dort, wo der Verputz wie abgebröckelt erscheinen soll und die Steine sichtbar werden, tragen Sie das Material mit dem gleichen Werkzeug um etwa 1 mm ab. Die Verputzränder konturieren Sie mit dem U-Eisen. Die Steinfugen und die Bretterfugen werden ebenfalls mit dem U-Eisen ausgehoben und anschließend mit dem v-förmigen Geißfuß vertieft. Man kann dazu aber auch das schräg gehaltene Schnitzmesser verwenden. Die Steine der Mauern sollen kantig, unregelmäßig groß und geschichtet aussehen. Kleinere Steine gleichen die Höhenunterschiede aus. Die senkrechten Fugen sind gegeneinander versetzt.

Der Zusammenbau auf der Bodenplatte

Auf diese Weise werden die Umfassungsmauern vorbereitet und dann zusammengeleimt. Im Bereich der Leimfugen wird die Struktur erst nach dem Zusammenbau eingeschnitzt, damit die beiden Teile zusammenpassen. Schrauben kann man nur dort einbringen, wo sie später unsichtbar bleiben. Anschließend wird das Gebäude gleichermaßen auf dem Grundbrett befestigt. Dafür eignet sich gut eine Preßspanplatte. Sie verzieht sich nicht, und aus ihrer Oberfläche lassen sich die verschiedenartigsten Bodenstrukturen herausarbeiten, da sie nicht fasert. Dann wird der Eckpfosten, bestehend aus einem knorrigen, aber geraden Ast, eingesetzt.

Das Dach

Für den nächsten Arbeitsgang werden einige Holzstäbchen für die Dachbalken benötigt. Der Firstbalken sollte etwas durchgebogen sein, um der Wirklichkeit möglichst nahe zu kommen. Von den schrägen Dachbalken werden nur die überkragenden, sichtbaren Teile ausgeführt und in der erforderlichen Neigung in die entsprechenden Aussparungen der Hauswand eingeleimt. Die Unterkonstruktion des Daches sollte aus starker Pappe sein, die sich den erwünschten Unregelmäßigkeiten leicht anpaßt. Das Schindeldach wird in der gleichen Weise gelegt wie beim Heuschober. Leimen Sie die Schindeln ruhig etwas unregelmäßig auf. Man darf der Hütte ansehen, daß sie schon manchem Unwetter getrotzt hat. Die Felsbrok-

Die Rückseite des Rohbaus von oben betrachtet. Beachten Sie, daß die - aus dieser Sicht - linke Giebelwand schmaler ist als die gegenüberliegende. Das Gebäude bekommt dadurch ein windschiefes Aussehen, weil sich die Dachneigung verzieht.

ken, die das Dach beschweren, sind im vorliegenden Beispiel aus Gründen der Gewichtsersparnis aus Holzresten geschnitzt. Holz läßt sich überdies besser festleimen. Gleichzeitig werden nun jeweils die beiden Giebelbretter (Ortgang) an die Dachbalken geleimt. Zum Dach gehört schließlich noch eine Regenrinne. Ein Holzstäbchen wird in den Schraubstock gespannt und mit dem U-Eisen ausgehöhlt. Anschließend wird die äußere Rundung mit dem Flacheisen oder dem Messer geformt. Die Rinnenhaken sind in unserem Beispiel aus Sperrholz ausgesägt, doch eignet sich genausogut ein flach geschlagener, dicker Draht oder ein gebogener, gekröpfter Nagel.

Noch ein wichtiger Hinweis: Entfernen Sie sofort übertretenden Leim. Er würde sich sonst später durch unangenehmen Glanz störend bemerkbar machen. In besonderer Weise gilt dies für alle Objekte, die gebeizt werden sollen, da die Beize an den Leimstellen abgestoßen wird. Ist es aber doch einmal geschehen, dann muß man mit deckender Farbe retuschieren.

Der Zusammenbau ist fast abgeschlossen. Der sichtbare Teil der Rückwand mit der Futterraufe ist bereits bemalt. Die Dachunterkonstruktion ist probehalber aufgelegt.

Das Schindeldach aus grobgeschnittenen bzw. geknickten Spanhölzern von Obstkisten wird von unten nach oben aufgeleimt.

Das Dach ist aufgelegt, der Giebel mit dem Giebelbrett abgeschlossen. Die Haken für die Dachrinne (aus Sperrholz ausgesägt) sind angeleimt. Die Grundierung mit den dunklen Farben, vor allem für die Mauerfugen, hat begonnen.

Die Bemalung

Die gute Wirkung der Krippe hängt in erheblichem Maße von der Bemalung ab. Plaka-Farben eignen sich gut. Dunkelgrün, Braun, Ocker, Schwarz und Weiß reichen meist aus. Für den Grundanstrich kann man auch Nußbeize verwenden, die billiger ist. Man beginnt mit den dunklen Tönen. Mit einem weichen Borstenpinsel trägt man die Farbe auf. Wenn sie leicht eingedrungen ist, wischt man die Oberflächen mit einem feuchten Lappen ab, so daß die Farbe in den tiefliegenden Stellen und Spalten erhalten bleibt und auf den höherliegenden Stellen teilweise entfernt wird. Dadurch erzielt man eine Licht- und Schattenwirkung. Diese Prozedur darf allerdings nicht übertrieben werden, um nicht zuviel Unruhe auszulösen.

Die Hütte ist fertig. Das kleine Zubehör (Holzrechen, Spaltholz) ergänzt den Krippenbau sehr realistisch. Gut gelungen ist auch die Farbgebung des verbliebenen Putzes auf dem Mauerwerk. Die eingelegte Dachrinne entstand aus einem Vierkantstab. Er wurde mit einem Schnitzmesser ausgehöhlt und anschließend außen gerundet. Je nach Geschmack können bei dieser Krippe auch andere Materialien verwendet werden, z. B. echte, kantige Steine für die Mauern und die Dachbeschwerung. Die Dachrinne kann aus einem natürlichen, geschälten und ausgehöhlten Ast hergestellt werden und die Rinnenhaken aus breitgeklopftem Draht.

Erst jetzt erfolgt die individuelle Farbgebung, wobei es durchaus ratsam ist, feucht in feucht zu arbeiten. Farbübergänge erzeugt man durch Verwischen mit dem Lappen. Die Farben dürfen keinesfalls unvermischt verstrichen werden, da sie sonst zu aufdringlich sind. Praktisch kann man jeder Farbe ein Gemisch aus Braun, Dunkelgrün und Schwarz zugeben und erhält dadurch eine schöne Patina. Holzteile, die dem Wetter ausgesetzt sind, enthalten immer graue Töne. Folglich ist Weiß beizumischen.

◀ *Seite 42/43:*
ALMHÜTTE ALS VARIANTE
DER ALPENLÄNDISCHEN STALLHÜTTE
Bei diesem Beispiel sind Elemente des Heuschobers (Blockbauweise) und der Stallhütte mit Steinunterbau gemischt. Die Hütte mißt 24 x 52 cm. Der Krippenbauer hat die 16-cm-Figuren selbst geschnitzt. Seine Frau hat sie gekleidet.

Gestein kommt in allen Grauschattierungen vor mit Beimengungen von Blau, Ocker oder Rot. Verputzte Wände sind kalkweiß/grau bis gelblich. Die Farben trocknen heller, als sie beim Auftragen erscheinen. Nach der Trocknung kann man bei Bedarf nochmals korrigieren.

Die Beleuchtung

Das Christkind wird von einer Lichtquelle beleuchtet. Das kann eine elektrifizierte, kleine Stallaterne sein, die man an die Stalldecke hängt, oder ein vom Beschauer aus unsichtbar angebrachtes Birnchen. Einschlägiges Installationsmaterial, Fassungen, Drähte, Batterien oder Transformatoren erhält man auf dem Weihnachtsmarkt oder in Modellbaugeschäften. Das Licht darf nicht zu hell sein, was man dadurch erreicht, daß die Voltzahl des Birnchens etwas höher gewählt wird als die Stromquelle. Hüten Sie sich, farbige Lichter anzubringen, denn sie wirken in den meisten Fällen kitschig. Ausnahmen bestätigen nur die Regel.

Zusätzliche Ausstattung

Ein Holzstoß, ein Heuschlitten, ein Wagenrad oder ein Milchkübel charakterisieren den ländlichen Standort. Aber Vorsicht – niemals zuviel des Guten, sonst rückt der meditative Aspekt zu sehr in den Hintergrund und verwischt den eigentlichen Zweck der Weihnachtskrippe.

Einbettung in die Landschaft

Die Hütte stellen wir in eine Almlandschaft. Von hinten beginnend, wird flaches Moos von alten Baumstümpfen aufgelegt und sparsam durch verschiedene andere Moosarten und kleine, winterharte Gewächse, wie beispielsweise die Alpenazalee (Loiseleuria procumbens), im Volksmund Hirschheiderich genannt, bereichert. Um der Natur möglichst nahe zu kommen, drehen Sie das Moos an bestimmten Stellen um. Modellieren Sie die Landschaft durch leichte Erhebungen und Senken, eine hervorstehende Felskante, von einer Wurzel gebildet, und einige Steinbrocken. Mit einem Trogbrunnen und einem alpenländischen Zaun (siehe Seite 26) können Sie die Krippe vervollständigen.

Fränkische Scheune

Das Fachwerk

Nördlich der Alpen sind die Dachformen steiler. Im Fränkischen herrscht die charakteristische Fachwerkbauweise vor, in Schwaben das adrett verputzte Bauernhaus. Eine einfache, fränkische Scheune in Fachwerkbauweise mit den Grundrißmaßen 15 x 25 cm wird als Beispiel beschrieben. Das gesamte Gebäude ruht auf einem Steinfundament. Dieses kann, wie beim Beispiel der alpenländischen Stallhütte aus beschnitzten Brettchen (siehe Seite 36), oder, wie bei der Ruinenkrippe aus echten Steinen mit Fliesenkleber gemauert (siehe Seite 66), oder aus Holz- oder Rindenstücken in Steinform zusammengeleimt sein. Die unsichtbar bleibende Rückwand der Scheune wird aus einem Brettchen gesägt. Es empfiehlt sich, in dieser Rückwand eine Öffnung vorzusehen, durch die man später die Beleuchtung einführen und die Dachkonstruktion montieren kann.

Die senkrechten Pfosten werden mit den umlaufend liegenden Kranzbalken verzapft. Der Einfachheit halber kann man sich das Ineinanderzapfen ersparen und die Teile außen bündig nur stumpf zusammenleimen. Auf der nicht einsehbaren Innenseite kann man die Stöße der besseren Haltbarkeit wegen mit kleinen, aufgeleimten Holzlaschen überbrücken. Am First werden die Sparren ausgeklinkt und mit einem Holznagel verstiftet. An den Fußpunkten der Sparren werden die keilförmigen Aufschieblinge aufgeleimt. Dadurch bekommt das Dach einen Schwung. Dann werden die restlichen Fachwerkbalken und der Rahmen für die Giebelluke eingepaßt. Den Firstbalken läßt man als Kragarm für die Aufzugrolle über die Giebelwand vorstehen. Am vorderen Ende muß er zur Aufnahme der Rolle gabelförmig ausgesägt werden.

Hier sieht man das Gerippe des Fachwerks. Das Gebäude ruht auf einem Steinfundament. Wer sich die etwas mühsame Konstruktion aus einzelnen Kanthölzern ersparen will, baut die Wände aus Brettchen und leimt die Fachwerksbalken als 2 bis 3 mm starke Leisten auf. Zwischen den Balken wird der Mörtel aus Plastika aufgetragen.

Die Ausfachung

Schließlich ist die Ausfachung auszumauern. Leimen Sie in die Felder entsprechend zugeschnittene Kartonstücke, so daß sie gegenüber dem Fachwerk um die Verputzstärke von 2 mm zurücktreten. Es ist ein beliebter Effekt, an irgendeiner Stelle das Gemäuer unter dem abgebröckelten Verputz hervorschauen zu lassen. Machen wir es einmal etwas anders: Bautechnisch richtig, besteht die Ausfachung aus einem verputzten Rutengeflecht. Setzen Sie an einer Stelle 1 mm dünne, senkrechte, geschälte Ästchen ein, die Sie in der Horizontalen mit ebenso schmalen Streifen aus Postkartenkarton durchflechten. Das Geflecht putzen Sie an den Rändern ein, den Rest lassen Sie, je nach Geschmack, halbverputzt oder ganz unverputzt.

Wie entsteht der Verputz? Passionierte Krippenbauer halten da unterschiedliche Rezepte für ihren »Krippenmörtel« bereit. Es geht aber auch einfacher. Kaufen Sie sich im Bastelgeschäft eine Schachtel Plastika, das dem Papiermaché ähnlich ist. Mit wenig Wasser verrührt erhalten Sie einen knetbaren Teig. Wünschen Sie eine rauhe Struktur, dann mischen Sie mit verdünntem Kaltleim vermengtes Sägemehl darunter. Dies ist z. B. für die hier beschriebene Scheune zu empfehlen. Bei kleineren Bauwerken oder Wohngebäuden ist aber ein feinerer Verputz ohne Sägemehlzusatz geeigneter. Bevor dieser »Mörtel« aufgetragen wird, bestreichen Sie den Untergrund der besseren Haftung wegen mit Kaltleim. Wenn er leicht angetrocknet ist, wird der Mörtel bündig mit den Fachwerkbalken aufgezogen und mit der Rückseite eines Kaffeelöffels verstrichen. So bekommt man eine lebendige Oberfläche.

Oft wirkt der sparsame, aber treffende Einsatz der Mittel am überzeugendsten. Holz, Erde und Stroh sind bei dieser Krippe praktisch die einzigen Materialien. Das Stroh der Dachdeckung wiederholt sich im Flechtzaun des Hintergrundes. Die unbemalten, knapp 10 cm großen Tonfiguren betonen den erdhaften Charakter. Selbstverständlich erfolgt aber aus Gründen der Haltbarkeit die Ausfachung nicht mit echtem Lehm.
Beachten Sie, daß die Stallaterne nur gedämpftes Licht ausstrahlt. Etwas undeutlich ist der sehr gut passende Heckenzaun zu sehen. Die durch häufiges Zurückschneiden stark verzweigten Ästchen der Hainbuche, aus denen er besteht, hätten enger gesetzt werden dürfen.

Der Dachaufbau

Bleibt man der nostalgischen Gestaltung treu, so muß dieses Gebäude ein Strohdach erhalten. Als Dachunterkonstruktion nehmen Sie starken Karton, der die Abmessungen der Dachfläche zuzüglich Überstand für Giebel und Traufe erhält. Damit das Dach später schön geschwungen ist, erhält der Dachfirst einen Kamm durch Aufbiegen eines 1 cm breiten Streifens.

Dachunterkonstruktion für das Strohdach (Schemazeichnung) mit vorgestochenen Löchern zum Aufbinden der Strohbüschel.

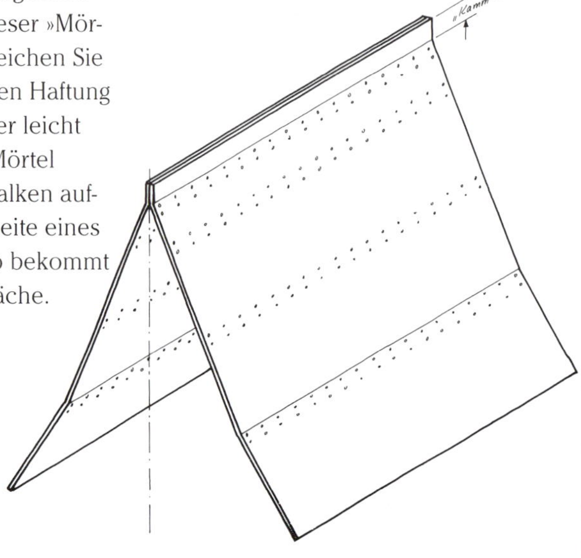

Die Linie, entlang derer der Karton geknickt wird, falzen Sie mit einem kantigen, jedoch nicht zu scharfen Gegenstand, z. B. einem Brieföffner oder einem Messerrücken, kräftig vor. Auch in der Höhe, wo der Aufschiebling (die Verstärkung am unteren Sparrenende) beginnt, wird der Karton auf diese Weise leicht nach oben geknickt. Der Karton ist dunkel einzufärben, damit er später nicht durch Fehlstellen in der Strohdeckung hindurchscheint.

Das Stroh für die Dachdeckung wird mit Zwirn in Bündelchen auf die Pappunterkonstruktion aufgenäht. Stechen Sie zu diesem Zweck den Karton in Abständen von etwa 1,5 cm vor. Da der Zwirn bei jeder Schlinge zurückgeführt werden muß, sind jeweils zwei Löcher knapp übereinander erforderlich. Der besseren Haltbarkeit wegen werden die Strohbündel an den oberen Enden, die von der nächstfolgenden Lage überdeckt werden, in Leim getaucht. Achten Sie auch darauf, daß das Stroh an den Giebelseiten über den Kartonrand etwas hervorragt, um die Kante zu verdecken. Man läßt alle Strohbündelchen etwas länger und kürzt erst auf die gewünschte Länge ein, wenn die ganze Lage aufgenäht ist. Die oberste Strohlage wird als letzte über den Kamm des Firstes gebogen und beidseitig aufgenäht. Allein diese beiden Nähte bleiben sichtbar, während die anderen durch die jeweils höherliegende Strohlage verdeckt werden.

Vorder- und Seitenansicht der Fränkischen Scheune. Auf der linken Dachseite ist das Prinzip der Strohdeckung deutlich gemacht. Die Maße gelten für 9 cm große Figuren.

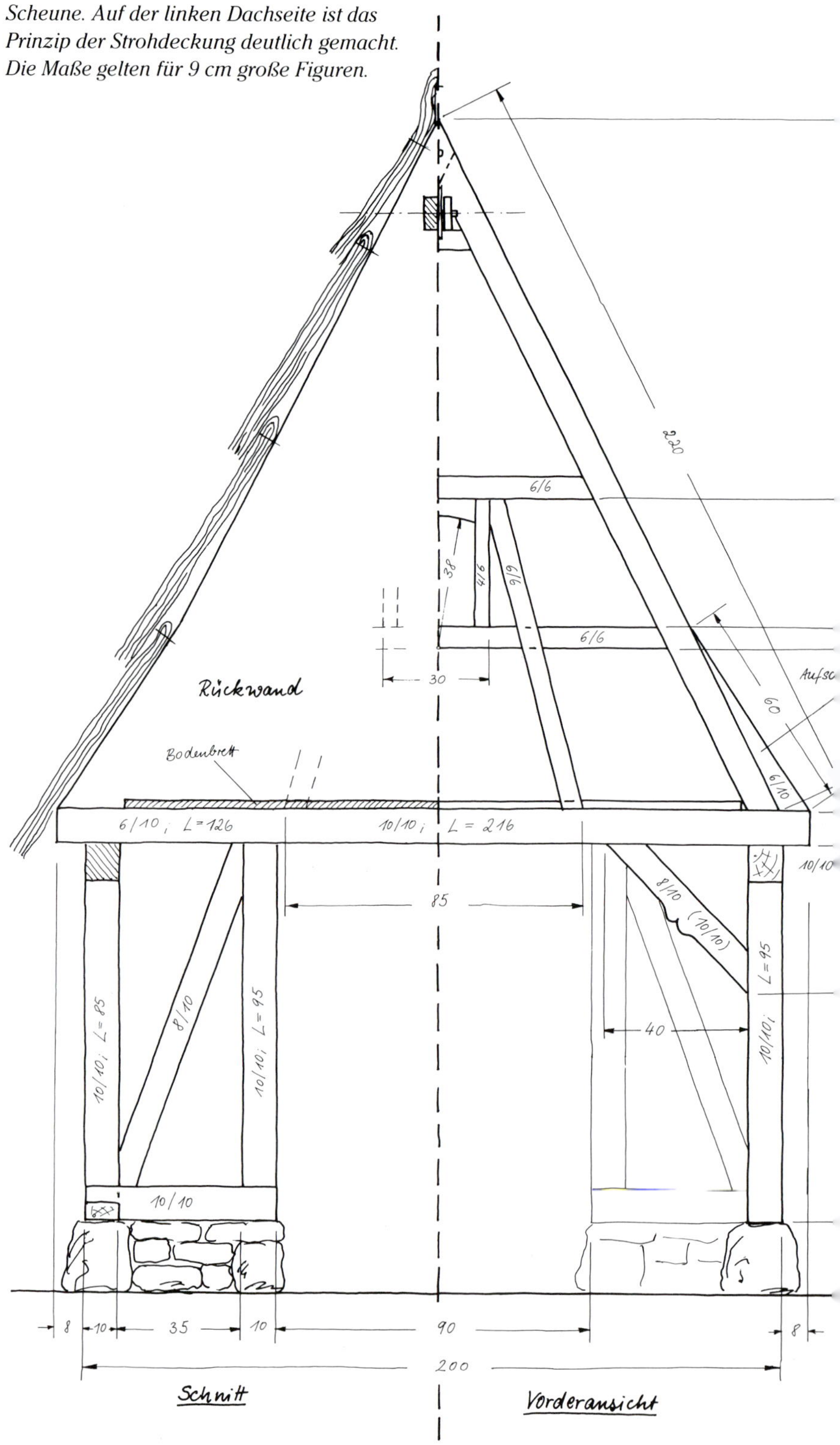

Die Strohbüschel werden auf die vorgelochte Dachunterkonstruktion aus starkem Karton »aufgenäht«. Eine Schlinge entsteht, indem man den Zwirn zurücksticht. Die Schlingen sind fest anzuziehen und mit Leim zu fixieren. Bevor man das Stroh aufbringt, ist der Karton dunkelbraun zu streichen.

Zu diesem Krippenstall paßt gut eine Einzäunung, die man bei Krippen des Salzkammergutes öfters antrifft: Man schneidet sich von Hainbuchenhecken, die infolge häufigen Zurückstutzens stark verzweigten Astenden ab und leimt sie als Heckenzaun in das Bodenbrettchen. Dieser fränkische Stadel kann auch – beispielsweise mit einem Wohnhaus verbunden – als

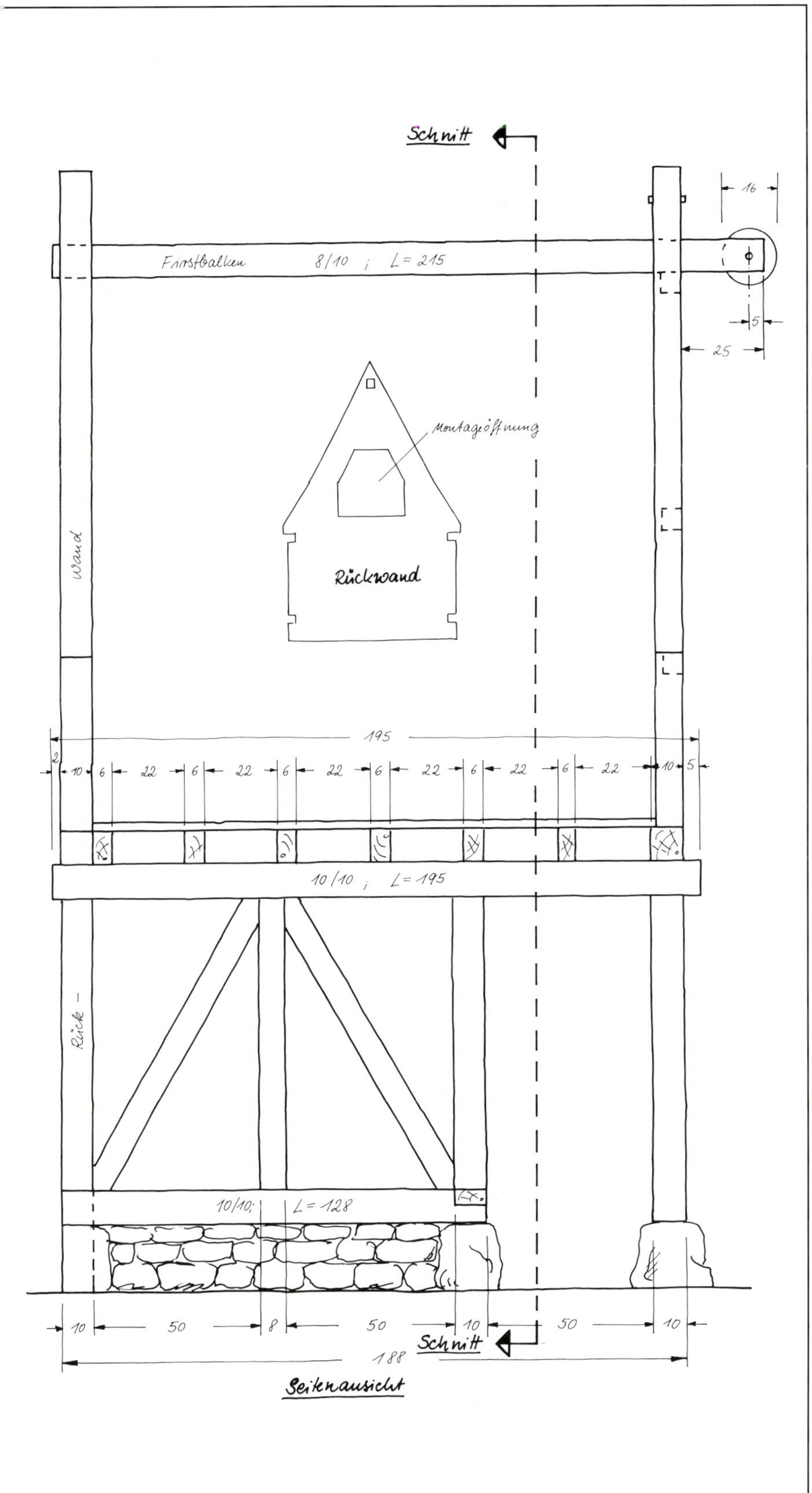

Das Strohdach ist probeweise aufgesetzt. Während die Fadenbindungen der unteren Strohlagen verdeckt sind, bleiben sie in der obersten Lage sichtbar. Man kann sie aber mit einer durchgehenden Stange (Sturmsicherung) überdecken.

quergestellte Scheune die Funktion des Krippenstalles übernehmen. Dann ist die Öffnung, anstatt in der Giebelseite, als Tor in der Längsseite auszubilden, die dann allerdings länger werden muß als im vorliegenden Beispiel. Eine solche Kombination ergibt sich bei der schwäbischen Heimatkrippe.

Schwäbische Heimatkrippe (Bauernhof)

Diese Krippe besticht durch ihren Detailreichtum, ohne überladen zu wirken. Studieren Sie möglichst viele ähnlich konzipierte Krippen und nehmen Sie sich zum Bau genügend Zeit.

Der Baukörper

Verwenden Sie in diesem Falle, ausgehend von 10 cm großen Figuren, für die Mauern einfache, 15 mm dicke Brettchen, möglichst sägerauh, damit nachher der Putz gut haftet. Falls Sie den Scheunentrakt lieber als Fachwerk mit innenliegenden Bretterwänden ausbilden wollen, bleibt Ihnen das unbenommen. Alle Wände werden nach Plan ausgesägt, ebenso Fenster- und Türöffnungen. Im Giebel des Wohnhauses sägt man zwei Fluglöcher für den Taubenschlag aus. Wenn sich, wie hier, die Scheune in ihrer ganzen Breitseite dem Beschauer darbietet, dann besteht leicht die Gefahr, daß die große Dach fläche eintönig wirkt. Es wurde darum eine Bauform ausgesucht, bei der die Toreinfahrt über die Traufkante hinausgeht. Das Dach muß deshalb aufgewölbt werden und modelliert somit die Fläche wohltuend. Gleichzeitig kann man das gesamte Bauwerk etwas kleiner halten. Man leimt nun mit Vierkantstäbchen den Fensterstock etwas zurückgesetzt ein, dann ebenso das Fensterkreuz und schließlich das Fensterbrett. Die Tür erhält einen Türstock, indem man die Öffnung mit einem Leistchen umrahmt. Ein Tip: Solche dünnen, glatten Leisten erhält man von Steckerleis-Stielen. Man kann aus ihnen auch die Fenstersimse, die Fensterläden, die Fensterkreuze und manches andere herstellen, aber nicht die Bretter der Scheunenwand. Dafür spalten wir uns das Material lieber selbst. Das sieht natürlicher aus. Setzen Sie jetzt die Fensterscheiben aus Glas oder Acrylglas (z. B. Plexiglas) von innen ein. Bringen Sie Vorhänge aus einem Stück Spitze an. Die Unterkonstruktion des Daches ist die gleiche wie bei der fränkischen Scheune.

Im Bereich der hochgezogenen Toreinfahrt ist die Dachfläche für eine gaubenförmige Anhebung des Daches

auszuschneiden. Die Aufwölbung wird entweder mit Karton überspannt oder mit Plastika angeformt. Man beginnt mit dem Ansatz für die Aufwölbung etwa in halber Dachhöhe. Auf die Brettchen, aus denen die Unterkonstruktion der Scheunenwände besteht, werden nun die selbst gespalteten Späne aufgeleimt. An der Giebelseite macht man die Bretter im Dachbereich etwas dicker, so daß sich ein kleiner Überstand ergibt.

Ein typisch schwäbisches Kleinbauernhaus mit profiliertem Giebel, Taubenschlag, grünen Fensterläden, akkuratem Lattenzaun und Holunderstrauch hinter dem Stadel. Am Giebel hängt das Kreuz mit den Leidenswerkzeugen als zurückhaltender Hinweis, daß auf die Freude der Heiligen Nacht die Passion folgt.
Damit die großen Dachflächen nicht langweilig wirken, wurden sie unterschiedlich dicht gedeckt und mit unterschiedlicher Leuchtkraft bemalt. Das Alter des Stadeldaches wird durch Moosbewuchs unterstrichen. Das Moos besteht aus unregelmäßig aufgestreutem und grünlich eingefärbtem Sägemehl. Zwei kindliche Englein lassen mühelos das Gloria-Band über der Heiligen Familie flattern.
Diese Krippe könnte auch nach Art der nächstfolgenden als Schneekrippe gebaut werden, jedoch unter Verzicht auf die perspektivische Gestaltung. Die 8 cm großen Gipsfiguren stammen vom Weihnachtsmarkt.

Die unsichtbare Rückseite braucht selbstverständlich nicht bearbeitet zu werden. Das Verputzen des Wohnhauses geschieht wie bei der fränkischen Scheune (siehe Seite 46). Wegen der hier gewünschten feineren Struktur wird dem Plastika aber kein Sägemehl beigemischt. Die Masse kann so dünn wie möglich aufgetragen werden. Es fällt nicht auf, wenn die Fensterleibungen nicht mitverputzt werden. Jetzt braucht man noch den Kamin, die Türschwelle, die Fensterläden und das Flugbrettchen des Taubenschlags, deren Herstellung nach dem bisher Gesagten sicher keine Schwierigkeiten bereitet.

Der Dachaufbau

Als letztes werden die Dachplatten aufgebracht. Zehn Ziegelreihen genügen bei der Scheune, das Haus erhält 15 Reihen. Sie können die Dachziegel aus Karton herstellen, wie es bei der nachfolgend beschriebenen Schneekrippe erläutert ist. Lebendiger sieht die Dachfläche aus, wenn Sie die Platten knapp 1 mm dick mit dem Messer von einem Hirnholzstäbchen abspalten, dem Sie zuvor durch Abraspeln zweier Kanten das Profil einer Biberschwanzplatte gegeben haben. Bevor

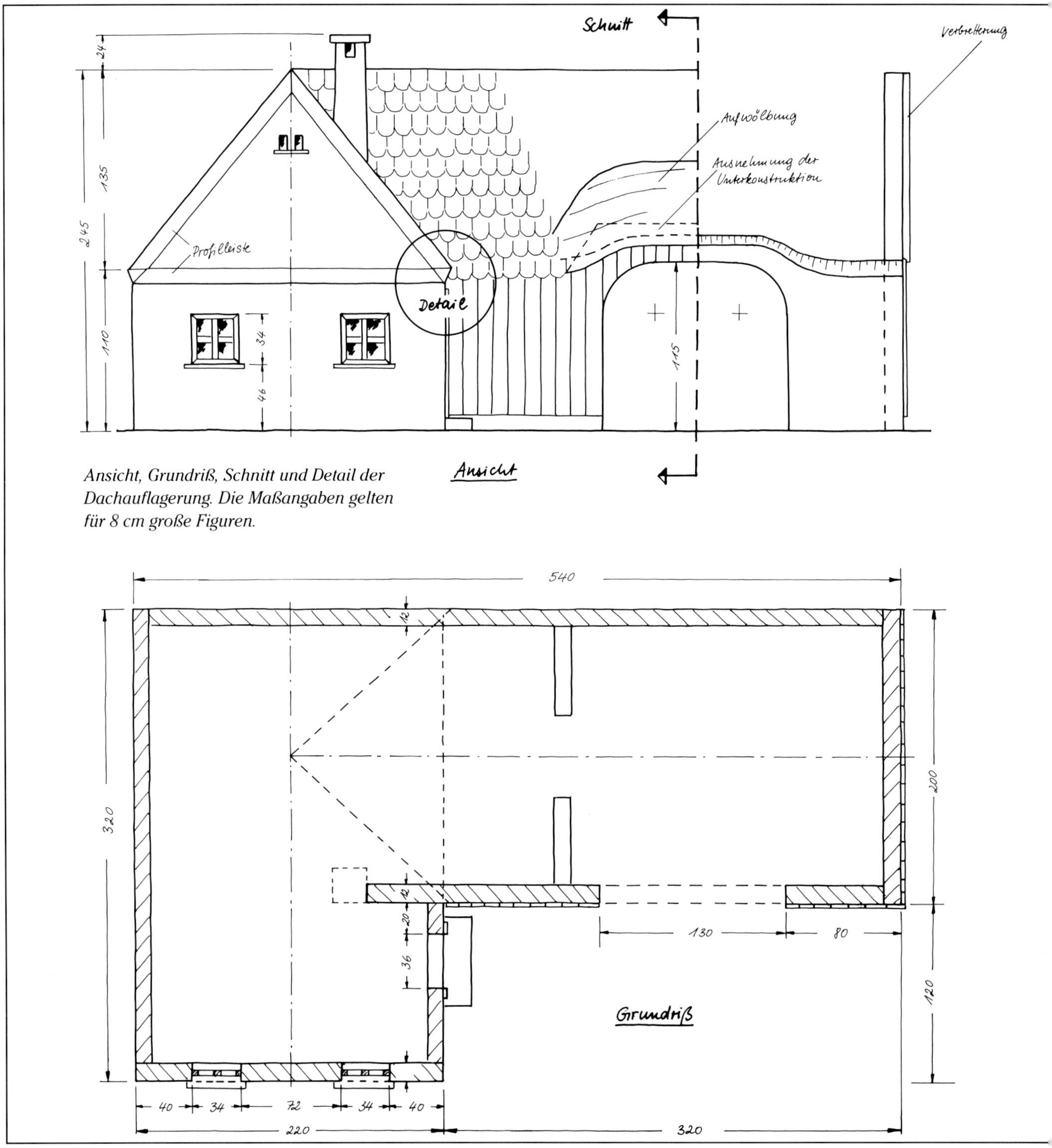

Ansicht, Grundriß, Schnitt und Detail der Dachauflagerung. Die Maßangaben gelten für 8 cm große Figuren.

Sie das Dach decken, streichen Sie die als Unterkonstruktion dienenden Kartonflächen dunkel, damit sie später nicht störend durch eventuelle Spalten schimmern. Leimen Sie auf die Unterkante des Kartons ein Stäbchen in der Dicke einer Dachplatte, damit die unterste Plattenreihe nicht „hängt“. Dann beginnen Sie von unten mit der Dachdeckung. Zuletzt werden die feucht über einem Rundstäbchen vorgebogenen Firstziegel aus zwei Lagen Karton aufgesetzt. Als Dachrinne kann man ein gespaltenes Schilfrohr verwenden.

Die Farbgebung

Die Farbfassung dürfte keine Schwierigkeiten bereiten. Die Bretter der Scheune werden dunkelbraun gebeizt, das Wohnhaus wird weiß, der Sockel grau, Fensterläden und Tür grün. Vergessen Sie auch nicht am Kamin Rauchspuren aufzumalen. Mit etwas Umbra und Grün deuten Sie im Sockelbereich aufsteigende Bodenfeuchte an. Zum schwäbischen Haus gehört ein schwäbischer Staketenzaun aus Latten oder aus geschälten, gespaltenen und oben zugespitzten, kleinen Zweigen. Die Pfosten werden wie beim Balkenzaun (siehe Seite 26) hergestellt. Einige Pflänzchen und der unvermeidliche Holunderstrauch sorgen für eine heimelige Atmosphäre.

Letzte Arbeiten

Wenn es an die Aufstellung der Figuren geht, dann sollte eine Unsitte vermieden werden, die, so unschön sie auch wirkt, häufig zu sehen ist: In vielen, vor allem auch häuslichen Krippen, hängt der Gloria-Engel wie angenagelt am Giebel. Viel schöner ist es, wenn man ihn frei von oben herab schweben lassen kann. Dazu befestigt man ihn an zwei dünnen, dunklen Fäden. Die Fixierung an zwei Aufhängepunkten verhindert ein Verdrehen der Figur. Man kann aber auch einen Drahtbügel in den Dachfirst stecken, an dem der Engel am Rücken aufgehängt wird.

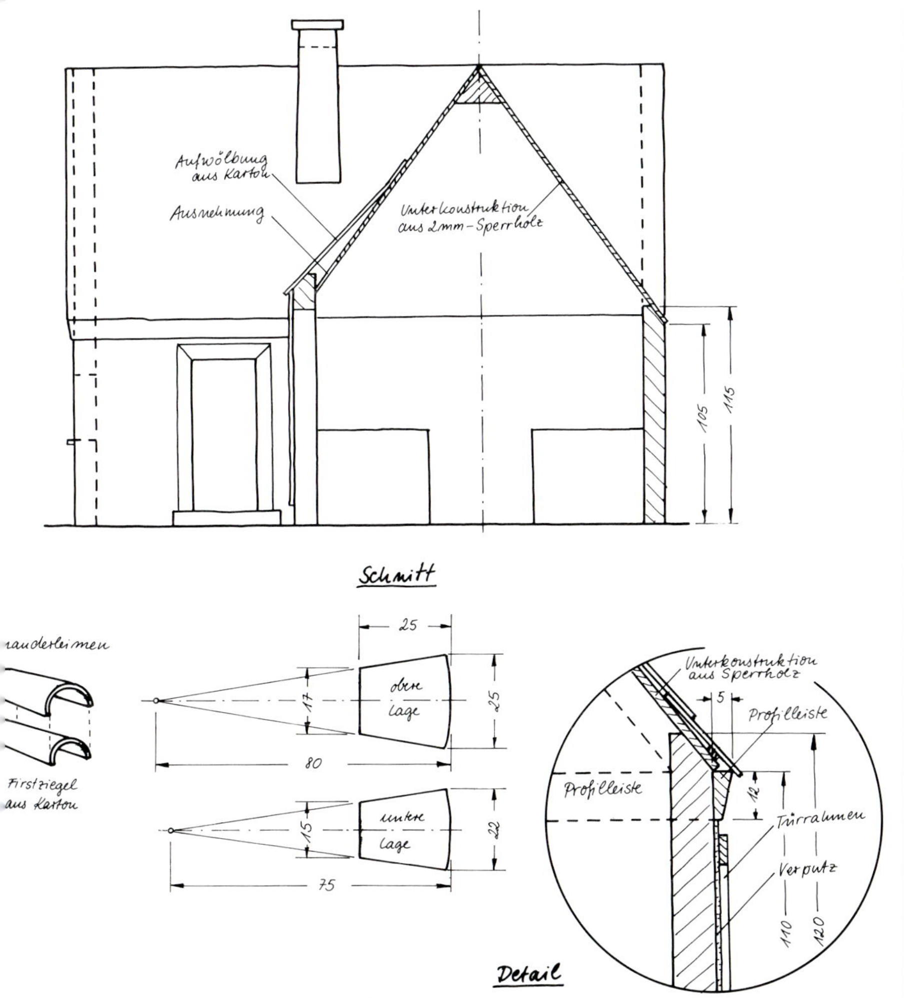

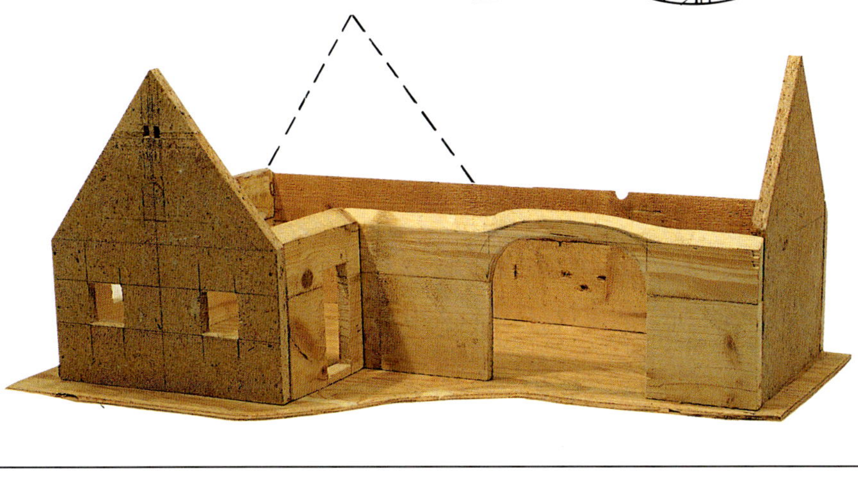

Die Außenmauern sind zusammengesetzt und auf das Grundbrett geschraubt. Der rückwärtige Giebel des Wohnhauses fehlt noch und muß angesetzt werden. Besser hätte man die Rückseite einschließlich Giebel aus einem einzigen Brett gesägt. Deutlich ist die Anhebung der Trauflinie im Bereich des Scheunentores zu sehen. Das Grundbrettchen wurde sehr knapp zugeschnitten, damit später die Möglichkeit besteht, das Gelände nach vorne abfallen zu lassen. Bei der fertigen Krippe darf nicht der Eindruck aufkommen, daß sie in einer »brettebenen« Landschaft steht.

Schneekrippe

Schneekrippen üben eine eigenartige nostalgische Faszination auf den Beschauer aus. Gerade bei Krippenausstellungen fällt auf, wie versunken und nachdenklich die Besucher diese Krippen betrachten. Im Gegensatz zu den Orientalischen Krippen, die meistens hell beleuchtet und mit sonniger Hintergrundmalerei lichtüberflutet sind, liegt die Schneekrippe in unserer heimatlichen Winterlandschaft in einem dämmerigen Licht vor einem nachtblauen Himmel. Selbst Mooskrippen vermitteln nicht annähernd die Stimmung der Einsamkeit in der Heiligen Nacht.

Gleichgültig wie Sie die Krippe anlegen, ob klein oder groß, in die Tiefe gehend oder fest umrissen in einem Kasten – Material und Bearbeitung bleiben im Prinzip gleich. Die nachstehend beschriebene Schneekrippe ist als Bühnenkrippe konzipiert.

◀ *Seite 54/55:*
SCHNEEKRIPPE
Wie in einem Diorama liegt die winterliche Landschaft vor dem Beschauer. Aus der Tiefe des Raumes eilen die Dorfbewohner herbei. Bei dieser Art der Darstellung ist die genaue Einhaltung der Perspektive ausschlaggebend für die Gesamtwirkung. Der Übergang von der Landschaft zum gemalten Hintergrund mit Rundhorizont darf nicht sichtbar sein. Der Krippenbauer, ein Grafiker, von dem auch die am Ende des Buches abgebildete Papierkrippe stammt, hat die Figuren sehr gekonnt selbst geschnitzt.

Das Detail zeigt den Aufbau der Winterlandschaft. Mit dem Maschendraht unter dem Dralonvlies lassen sich die gewünschten Hügel formen.

Hintergrund- und Landschaftsaufbau

Als erstes malen Sie den Hintergrund. Er ist die Begrenzung und scheinbare Raumtiefe zugleich. Die genaue Anleitung finden Sie auf Seite 107ff. Wählen Sie die Ausdehnung der Krippe nach Ihren Wohnverhältnissen. Besonders beeindruckend sind natürlich weiträumig angelegte Krippen wie diese, mit einer Raumtiefe von etwas mehr als 1,5 m. Das Gelände ist zwar im Prinzip flach; der Boden soll aber doch möglichst lebendig gestaltet werden. Für den Bodenunterbau eignen sich Schachteln, Drahtgitter, kleine Kissen oder anderes Füllmaterial. Die weiße Schneelandschaft entsteht durch Dralonvlies oder Polsterwatte. Diese Bauweise hat den Vorteil, daß man die Krippenlandschaft jederzeit wieder zerlegen kann.

Bei fest montierten Krippen wird das entsprechend geformte Drahtgitter – unterstützt durch eine Holzkonstruktion – mit Papiermaché in mehreren Lagen überklebt. Sie können das Drahtgitter auch mit Rupfen bespannen und mit Gips oder Moltofill kitten. Um eine einheitlich weiße Schneelandschaft zu erhalten, werden alle beschneiten Teile mit weißer Plaka-Farbe bemalt oder mit einem Schneespray besprüht.

Der Stadel von oben. Das Gebäude wird nach den gleichen Regeln wie bei den vorangegangenen Beispielen gebaut. Im einsehbaren Bereich des Scheunentores müssen einige Einzelheiten im Inneren sichtbar sein, hier die Leiter.

Die aus Pappstreifen mit dem Rund eisen ausgestochenen Dachziegel sind zum Großteil aufgelegt. Besonders sorgfältig wurde die Balkenkonstruktion des Tores ausgeführt. Die nicht sichtbare Rückseite kann vernachlässigt werden.

Die Scheune als Krippenstall

Zentrum dieser Krippenlandschaft ist eine einfache Feldscheune, die als Krippenstall dient. Der Aufbau ist unkompliziert und ergibt sich leicht aus den Bildern. Die besonders stimmigen Scheunenwände bestehen aus Kieferspanhölzern, die man früher in der Dach- und Bodenabdichtung benutzte. Sie können sich aber auch mit Spanhölzern von leichten Obstkisten behelfen, die Sie durch Ausbrechen künstlich altern. Um die Maserung des Holzes stärker zu betonen, kratzen Sie mit einer feineren Drahtbürste oder einem Stahlschwamm die weichen Teile des Holzes etwas aus. Die Bemalung erfolgt mit Wasserfarben in einem gebrochenen Schwarz, Grau und einem grünlichen Ansatz.

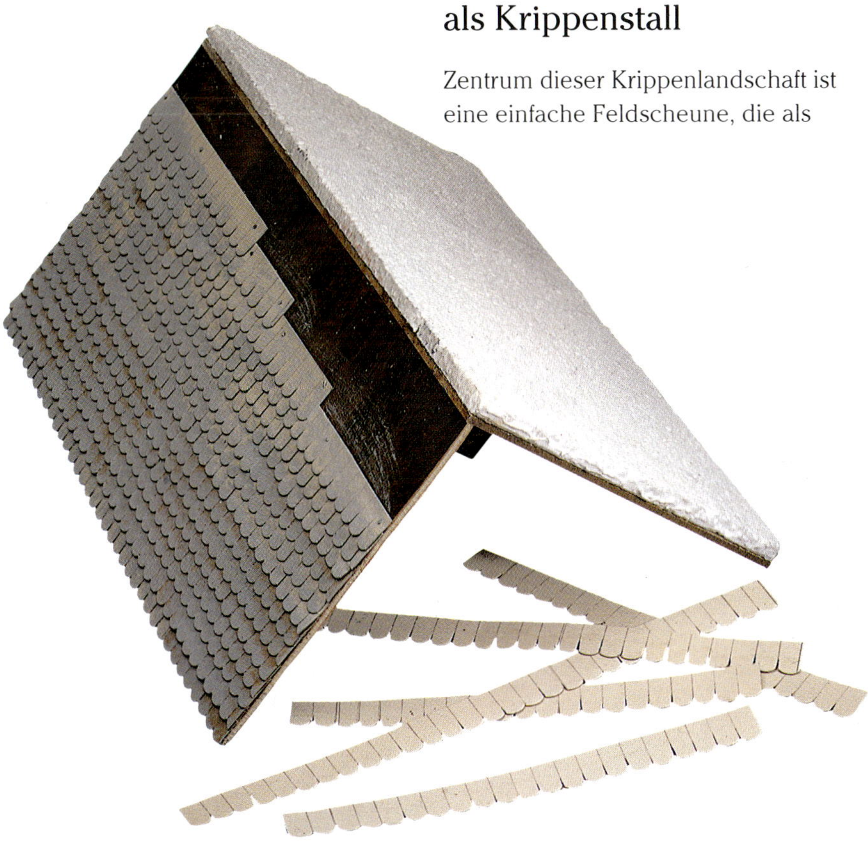

Es ist darauf zu achten, daß die gleichförmig gedeckte Dachfläche nicht langweilig wirkt. Man kann dies verhindern, indem man sie durch eine Dachgaube oder Schneewächte belebt oder mit einigen Bäumen im Vordergrund teilweise verdeckt.

Nach dem Trocknen wird mit einem farblosen Lack fixiert. Bei einem nur einmaligen Lacküberzug bleibt der Glanz aus, und die Bretter wirken sehr natürlich.

Wie ein Spielzeugdorf muten die Gebäude an. Hier hat der Krippenbauer Gelegenheit, sein heimatliches Umfeld darzustellen.

Das Dach

Das weiße Dach kann auch aus einer einteiligen Styroporplatte bestehen oder aufwendiger und maßstäblicher mit Dachplatten gedeckt werden. Hier sind es kleine Ziegel, die aus einem Kartonstreifen mit einem passenden Hohleisen ausgestanzt werden. Natürlich können Sie diese Streifen auch ausschneiden. Es entstehen ganze Reihen kleiner Biberschwanzziegel, die von unten nach oben aufgeleimt werden. Achten Sie aber darauf, daß die Ziegelreihen immer um eine halbe Dachplatte versetzt angeordnet werden.

Die perspektivische Wirkung

Die besondere perspektivische Wirkung entsteht durch die Tiefe der Krippenlandschaft, auf die das Dorf im Hintergrund und die Figuren abgestimmt sind. Das Dorf besteht aus kleinen, einfach bemalten Holzhäusern, von denen eines für eine einfache Beleuchtung ebenso ausgehöhlt ist wie die kleine Kirche. Es wird darüber hinaus auch noch Bezug hergestellt zu den kleinen Dörfern auf dem Hintergrund. Die perspektivische Raumwirkung wird extrem verstärkt durch die Figuren und das wenige Zubehör,

wie Hirten, Schafe und Schäferkarren, die mit zunehmender Entfernung immer kleiner werden. Es handelt sich hier um selbstgeschnitzte Figuren, welche die karge Landschaft beleben, und die Wärme und Geborgenheit um die Heilige Familie verstärken. Dazu trägt allerdings bei, daß der Krippenstall in einem warmen Licht erstrahlt.

Einige Gegenstände von bekannter Größe – hier der Schäferkarren – in der Landschaft verursachen die Illusion der räumlichen Tiefe. Interessant, die als Einheit geschnitzte Gruppe der Schafe, die deshalb sehr standfest ist. Die Standbrettchen sind, so gut es geht, zu verbergen.

Eine andere Gruppierung der Figuren als im Gesamtbild. Die Dorfbewohner kommen aus der Verlorenheit der Winterlandschaft in die Geborgenheit des Stalles mit der Heiligen Familie. Dieser Gegensatz muß auch durch den Unterschied der Beleuchtung (bläuliches/gelbliches Licht) hervorgerufen werden.

Ruinenkrippen

Die Geburt Christi in einer Ruine darzustellen, findet sich bereits häufig auf gotischen Gemälden. Hier ist die Ruine ein Symbol für das zerfallende Haus Davids. Zitate aus dem Matthäus- und Lukas-Evangelium sprechen von Christus aus dem »Hause und Geschlechte David«, vom »Davidsohn«, der geboren wurde, um die »Davidherrschaft« wieder aufzurichten.

Ruinen wurden als romantische Elemente bereits im 18. Jahrhundert geschätzt. Man baute sie in höfischen Parkanlagen nach, bis die aufkommende Romantik Ruinen von Burgen und Schlössern regelrecht entdeckte. Unzählige Stiche aus der ersten Hälfte des 19. Jahrhunderts können auch als Vorbilder für Ruinenkrippen dienen. Außer den Mauern des zerfallenen Palastes gehören zur Ruinenkrippe häufig eckige oder runde Türme. Sie können in das Mauerwerk eingebunden sein oder, je nach Bauart, auch frei stehen.

◀ *Seite 60/61:*
RUINENKRIPPE MIT ECKIGEM TURM, BEISPIEL 1
Der Vorbau dieser Krippe könnte auch zu einer Feldhütte gehören. Der Hauptbau ist aber eindeutig das Gemäuer einer Ruine, in der links ein eckiger Turm integriert ist. Hinter dem geschnitzten Torbogen ist der Raum höhlenartig gestaltet.

Die Bodenplatte (Standbrett)

Die Form der Bodenplatte richtet sich in erster Linie nach dem Aufstellungsort der Krippe, also Dreiecks- oder Trapezform für die Eckkrippe. Ansonsten wird es wohl ein Rechteck sein. Als Material eignet sich am besten Holz. Es läßt sich nageln, schrauben und leimen. Ungehobeltes Holz ist gehobeltem vorzuziehen, da mörtelartige Massen beim Auftragen an den Holzfasern besser haften. Die Dicke der Bretter richtet sich nach der Figurenhöhe und soll in der Relation etwa der Höhe einer Treppenstufe entsprechen. Sinnvoll ist es, das Standbrett durch ein bis zwei Stufen zu erhöhen. So kommt die Ruinenkrippe besser zur Geltung, und die Stufen eignen sich gut zur vorteilhaften Plazierung der Figuren.

Der Turmbau

Zur Herstellung eines eckigen Turms nimmt man vier ungehobelte Bretter. Sie sollen in etwa so dick sein, daß sie in der Natur der Dicke einer Mauer entsprechen. Vor dem Zusammenbau können die glatten Ränder der Bretter im Bereich der Turmkrone mit Säge, Schnitzmesser oder Stemmeisen so gestaltet werden, als wären hier Steine und ganze Mauerstücke herausgebrochen. In der Turmvorderseite kann man mit Bohrer, Stichsäge oder Raspel kleine Luken und Fenster herausarbeiten. Abschließend werden die vier Bretter zu einem Turm zusammengeleimt.
Papprollen, wie sie zum Plakatversand verwendet werden, sind ideal zum Anfertigen runder Türme. Entscheidend sind Durchmesser und die Dicke des Materials. Rollen, auf denen Stoff gewickelt war, haben die dickste Pappe. Fragen Sie in Stoffgeschäften nach. Mit einer Säge bringen Sie die Papprolle auf die gewünschte Turmhöhe. Auch hier können mit einem spitzen, scharfen Messer Luken und Fensterchen geschnitten werden.

Einen ruinenartigen Charakter kann auch die Turmkrone erhalten. Mit einem Bleistift skizziert man einen unregelmäßigen Kantenverlauf, der auch hier den Eindruck erwecken soll, als wären Mauersteine herausgebrochen. Natürlicher sieht es aus, wenn der Kantenverlauf nicht zu klein, zackig und treppenförmig gezeichnet wird, sondern eher unregelmäßig wie beim Vorbild, wo der »Zahn der Zeit« genagt hat. Die Form schneiden Sie mit einem scharfen Messer (Cutter) zurecht. Die hierbei entstehenden Fransen werden mit einem feinkörnigen Schleifpapier beseitigt und die Übergänge weich geschliffen. Sowohl am viereckigen als auch am runden Turm lassen sich noch einige Details wie Gesimse, Friese, Bögen, Türen, Fenster (vergittert), Luken usw. anbringen. Aber nicht mit Details überladen! Die Blicke des Betrachters dürfen nicht zu sehr abgelenkt werden. Der entscheidende optische Anziehungspunkt muß die Krippe bleiben.

Die Mauern

Wie beim Turm wird auf ein Brett, das maßstäblich ungefähr der Mauerdicke entsprechen soll, eine ruinenartige Mauerform skizziert. Auch hier sind Steine und Mauerstücke angewittert oder heruntergefallen. Die unregelmäßig geformte Mauerkante wird dann zurechtgeschnitten. Die Brettkanten werden leicht schräg angeschnitzt und die Ränder mit Schleifpapier leicht gerundet. Eine Tür oder ein Tor schaffen Ein- und Durchblicke. An diese Öffnungen lassen sich bei Bedarf von hinten Räume anbauen. Benötigt man diese Öffnung später nicht, so lassen sie sich durch ein von hinten angenageltes Brettchen wieder verschließen und werden zu Türen.
Bevor die Oberflächenbehandlung der sichtbaren Teile von Turm und Mauern beginnt, müssen Sie sich über den Standort der Krippe in der gebauten Ruinenanlage klar sein.

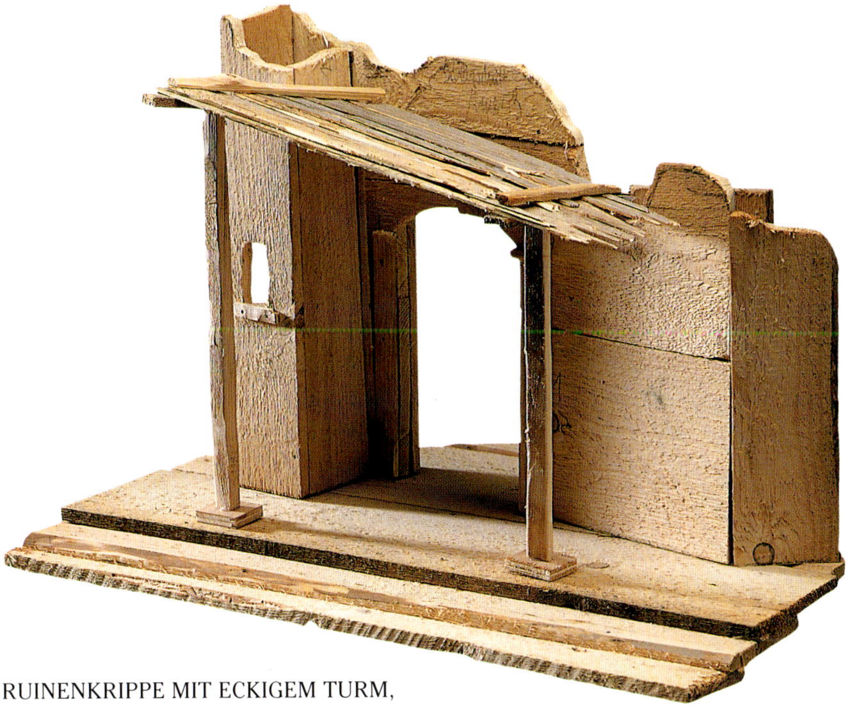

RUINENKRIPPE MIT ECKIGEM TURM, BEISPIEL 1
Rohbau der Krippe mit kurzem, viereckigem Turm und dem pultdachartigen Vorbau. Das Dach ist mit Brettchen schindelartig gedeckt.

Anbauten – der Raum für die Heilige Familie

Ruinen nachzubauen ist nicht das Ziel unserer Arbeit. Sie sind nur die nächste Umgebung für den Geburtsort Christi, die Krippe, um die sich Maria und Josef und alle weiteren Figuren scharen. Normalerweise baut man zielgerichtet auf diesen Ort hin. Bei den hier gezeigten Ruinenkrippen hat man durch Anbauten Gelegenheit, den genauen Standort der Krippe auch in einem fortgeschrittenen Baustadium noch etwas zu ändern. Das ist bei zweien der hier gezeigten Beispiele der Fall.

Beispiel 1
Beim ersten Beispiel wurde die Mauer mit dem eckigen Türmchen ziemlich mittig, aber leicht diagonal auf der Bodenplatte angeordnet. Hier fand die Heilige Familie unter dem Torbogen ihren Platz. Ein wenig Schutz bietet das pultartige Bretterdach, das auf ungleich hohen Pfosten ruht. In diesem Beispiel wurde der Raum hinter dem Torbogen höhlenartig gestaltet und könnte auch als Krippenraum dienen. Dazu wurde ein Holzgestell etwa in Höhlengröße und noch auf die Bodenplatte passend hinter die sichtbare Mauer gesetzt und für die Auskleidung der Höhle ein Stück Leinen im Format der Höhle mit Holzleim bestrichen, unter den schwarze und braune Plaka-Farbe gemischt wurde. Das leimgetränkte Tuch, mit Reißzwecken am Gestell befestigt, formt die Höhle. Mit kleinen Hölzern wurden die Formen bis zum Austrocknen und Steifwerden gestützt. Anschließend werden die Stützhölzer wieder entfernt. Auch mit Gipsbandagen (aus der Apotheke) ist das Formen der Höhle möglich. Kurze Bandagenstücke werden kurz in warmem Wasser eingeweicht und dann am Holzgestell ebenfalls höhlenartig geformt. Das Formen des feuchten Gipses geschieht einfach mit den Fingern. Bleibt nach dem Trocknen Gewebe sichtbar, kann mit Gips, Moltofill oder ähnlichem nachgearbeitet werden. Die noch weiße Höhle wird dann ausgemalt.

Beispiel 2
Ein anderer Platz für die Heilige Familie bietet sich beim zweiten Beispiel an, einer Ruinenkrippe ohne Turm, bei der kulissenartig drei Mauerwände hintereinander sichtbar sind. Die Heilige Familie findet unter dem Torbogen Platz. Ein Vordach bietet zusätzlich etwas Schutz. Es ist ein zerfallendes Schindeldach. Falls Sie keine alten Schindeln oder Schindelteile auftreiben können, spalten Sie das benötigte Material von einem astfreien Fichtenholzklotz mit einem Messer unter leichten Hammerschlägen. Die Alterung der Schindeln erreichen Sie durch Einreiben mit feuchter Erde, die verwitterten Enden durch unregelmäßiges Ausbrechen mit einer Zange. Etwas ungleichmäßig verlegt, wirkt das Schindeldach noch echter.

Beispiel 3
Beim dritten Beispiel, einem Ruinenstall, der bereits vor vielen Jahren entstand, wurde die Rohbauphase nochmals nachgebaut. Vor der großen Ruinenmauer und neben dem runden Turm öffnet sich hinter einem großen Bogen ein halboffener Raum als Zentrum und Platz der Krippe. Dieser Raum ist nach oben durch ein Brettchen oder durch Schindeln geschlossen, auf denen herabgefallenes Mauerwerk oder Gebälkteile liegen. Das Innere des halboffenen Raumes wird von einer Mauer abgeschlossen, vor der eine Futterkrippe steht und darüber eine leiterartige Futterraufe hängt. Bei der Bestückung von Figuren kann in diesem halboffenen Raum nur die Heilige Familie selbst Platz finden, alle anderen Figuren werden im Umkreis darum herum plaziert.

Seite 64/65: ▶
RUINENKRIPPE OHNE TURM, BEISPIEL 2
Drei kulissenartig hintereinander stehende Mauerwände deuten die Reste eines ehemals großen Palastes an. Die Heilige Familie hat oberhalb der Eingangsstufen im Toreingang Platz gefunden. Auch hier bietet ein zerfallendes Schindeldach auf einfachen Säulen zusätzlichen Schutz.

Mauerstruktur und Farbgestaltung

Zur Herstellung der Mauerstruktur und zur Farbgestaltung gibt es verschiedene Möglichkeiten. Die aufwendigste Methode ist das Einschnitzen der Mauerstruktur. Einfacher geht es durch »verputzen« und »bemalen«, fachsprachlich auch als »fassen« bezeichnet.

RUINENKRIPPE OHNE TURM, BEISPIEL 2
Die Entwicklung des Rohbaus in drei Schritten. Das Doppelfenster der hinteren Wand erhellt den Innenraum der Ruine, vor dem die Heilige Familie ihren Platz hat. Die Krippe ist leicht zerlegbar. Die einzelnen Wandelemente werden auf Dübel gesteckt, die in die Bodenplatte eingelassen sind.

Das Schnitzen der Mauerstruktur

Hierzu benötigen Sie einfache Kerbschnitzwerkzeuge, die in Hobby- und Bastelläden erhältlich sind. Das reliefartige Einschnitzen ist recht einfach, aber zeitaufwendig. Für die Mauerstruktur sind einige Regeln zu beachten, die sowohl für das Schnitzen als auch für das Einzeichnen in den Putz gelten. Sollen Ziegelsteine dargestellt

RUINENKRIPPE MIT ANGEBAUTEM RUNDEM TURM, BEISPIEL 3

Diese Krippe wurde bereits vor vielen Jahren gebaut. Der halboffene Raum ist ein gut geschützter Platz für die Heilige Familie. Im Inneren ist eine leiterartige Futterraufe angebracht. Auffällig der große Torbogen, der links auf einer Säule ruht.

Nachbau in zwei Entwicklungsbildern.

Der Turm ist aus einer Papprolle. Der umgelegte Pappestreifen wird zu einem Fries verarbeitet. Gegenüber der ursprünglichen Version ruht der große Mauerbogen bei diesem Nachbau auf zwei Säulen. Auffällig die im stumpfen Winkel angesetzte Außenmauer, die zum Turm führt.

werden, so kann man sie getrost etwas größer halten, als es die natürlichen Proportionen vorgeben, das heißt also in der Höhe etwa wie eine Figurenhand. Die Breite beträgt dann etwa das Doppelte und die Länge das Vierfache dieses Maßes. Bei regelmäßigem Natursteinmauerwerk kann man die Steine gut doppelt so groß machen. Unregelmäßiges Natursteinmauerwerk ist bei der alpenländischen Stallhütte abgebildet (siehe Bilder Seite 41). Der beste Eindruck einer Ruine wird erreicht, wenn einzelne Steine so herausgearbeitet werden, als seien sie angewittert oder herausgebrochen.

Die Mauerstruktur in einer aufgetragenen Masse

Einfacher als Schnitzen ist das »Eingravieren« der Mauerstruktur im »Verputz«. Hierfür wird der Rohbau mit einer Masse bestrichen. In diese lassen sich dann Strukturen wie Ziegelsteinfugen, heruntergefallener Putz, Bodenplatten oder Unebenheiten formen. Die Masse kann aus sehr unterschiedlichem Material sein. Mein Vater verwendete hierzu noch Tafeln

STILISIERTE FASSADE
EINER RUINENKRIPPE VOR EINEM
BERG AUS FELSENPAPIER

Auf eine dunkelbraun grundierte Sperrholzplatte wurden die aus Föhrenrinde geschnittenen Steine geleimt. Damit sie wuchtiger aussehen, läßt man jeweils einen kleinen Zwischenraum als Mauerfuge. Achten Sie darauf, daß der Leim nicht seitlich in die Fugen austritt und dort unschöne, glänzende Stellen hinterläßt. Gleiches gilt für das stilisierte Dach aus aufgeleimten Kornähren.
Diese Fassade läßt sich auf vielerlei Art abwandeln: mit oder ohne seitliche Bögen, mit oder ohne Säulen oder mit vorgeblendeten Halbsäulen, in rohem Naturzustand wie hier, oder mit Sand oder gesiebtem und gefärbtem Sägemehl und Glimmer bestreut. Läßt man die Bäumchen weg und deckt das Dach unregelmäßig mit Stroh oder Schindeln, erhält man ein naturalistischeres Aussehen.
In kleiner Abmessung läßt sich die Fassade in den mittelschwäbischen Krippenberg einbauen (ähnlich Bild Seite 19). Man kann aber auch dahinter einen Rupfenberg über einige in das Grundbrett gesteckte senkrechte Pflöckchen kaschieren (vgl. Eckkrippe in Bühnenform, Seite 98/99). Sie läßt sich aber auch gut in einen Berg mit losen »Stumpen« integrieren. Hier steht sie vor einem Berg aus geknittertem Felsenpapier.

aus Knochenleim, Kreide, Roggenmehl und Papiermaché. Da es Knochenleim nur noch sehr selten gibt, war ich lange auf der Suche nach einem entsprechenden Ersatz. Gute Erfahrungen habe ich mit Moltofill gemacht. Am besten arbeite ich jedoch mit Fliesenkleber. Er ist in jedem Baumarkt, auch in kleineren Mengen, erhältlich und hat eine gute Haftfähigkeit auf fast jedem Untergrund. Strukturen lassen sich gut einritzen, er ist gut bemalbar und wird, wenn er trokken ist, steinhart und hat gleichzeitig noch die Funktion eines Klebers.

Getrocknet hat er die häufig gewünschte, sandige Oberflächenstruktur; soll sie glatt sein, muß man schleifen. Falls sie eher rauh sein soll, so wird mehr oder weniger grobes Sägemehl in den Kleber gemischt. Zur Mauergestaltung wird Fliesenkleber in einer dünnen Schicht aufgetragen. Die Mauerstruktur ritzt man mit einem Zahnstocher ein. Sind diese Fugen zu schmal, so schnitzt man sich ein Stäbchen mit der gewünschten Form der Spitze. Das Einritzen verlangt etwas Fingerspitzengefühl. Wie beim

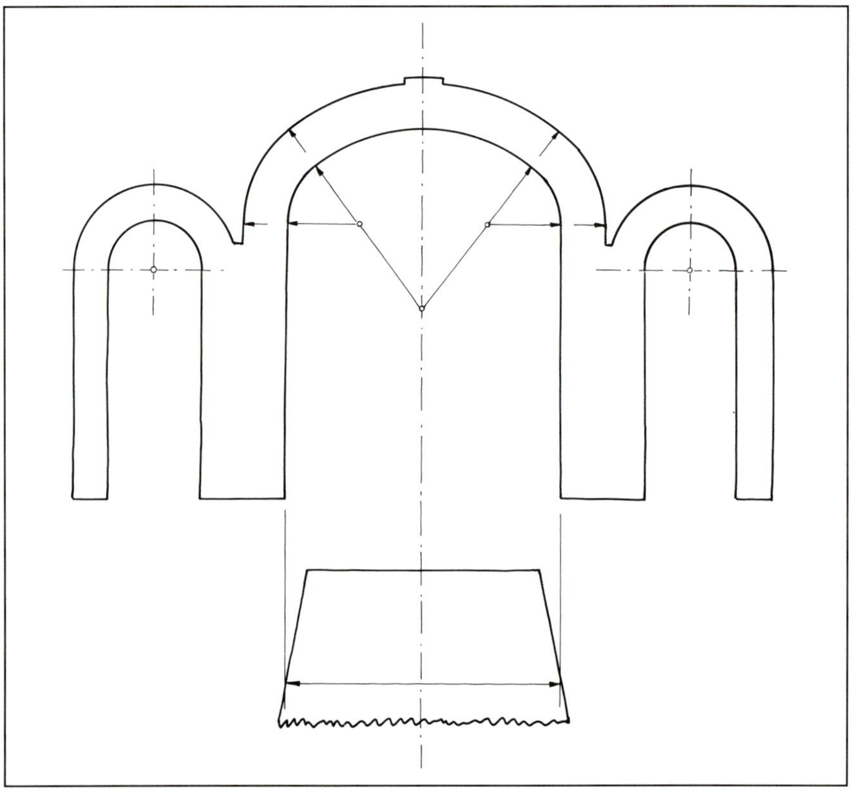

STILISIERTE FASSADE
EINER RUINENKRIPPE
(siehe Seite 68/69)
Proportionen und Konstruktion von Dach und Fassade aus Sperrholz.

In einer Variante der stilisierten Fassade wurde das Stalldach mit Fichtenzapfenschuppen gedeckt (vgl. Seite 26). Die Säulen bestehen aus verholzten Stengeln des Wiesenkerbels (siehe Seite 78). Zusammen mit dem Rustika-Mauerwerk aus Föhrenrinde und den stilisierten Bäumchen aus Föhrenzapfen ergibt sich ein einheitliches Gesamtbild. Die seitlichen Bögen können auch weggelassen werden.

Schnitzen sollen die Fugen nicht so aussehen, als wären sie mit dem Lineal gezogen. Diese Gleichmäßigkeit zerstört den Eindruck einer alten, teils zerfallenen Mauer. Andererseits darf auch nicht zu schlampig geritzt werden. Nach ungefähr einem Tag ist der Kleber getrocknet. Dann schleift man die Grate, die beim Einritzen der Fugen entstanden sind, mit Schleifpapier ab. Ist der Kleber noch nicht vollständig hart, lassen sich undeutliche Fugen mit dem Messer nacharbeiten.

Verputzte Wände

Recht wirkungsvoll ist eine verputzte Mauer, bei der an einigen Stellen der Bewurf abgefallen ist und die Mauersteine zum Vorschein kommen. Will man eine solche Mauer nachbauen, so gestaltet man zuerst, wie gerade beschrieben, eine mit Fugen. In noch feuchtem Zustand glättet man anschließend mit einer Spachtel diejenigen Stellen, an denen der Putz stehen bleiben soll. Nach mindestens einem Trocknungstag kann man die »verputzten« Mauerflächen nochmals dünn mit Fliesenkleber überstreichen. Nachdem alles einige Tage getrocknet ist, wird das gesamte Mauerstück ein wenig nachgeschliffen.

Bodengestaltung

Auch der Boden läßt sich mit Fliesenkleber gestalten. An den Stellen, an denen größere Bodenwellen oder Unebenheiten stehen sollen, werden Holz- oder Rindenstücke aufgeklebt. Dann bestreicht man das sichtbare Bodenbrett mit Fliesenkleber. Durch Beimischung von Sägemehl entsteht eine poröse, grasähnliche Oberfläche. Dort, wo Figuren stehen sollen, wird der Kleber nur hauchdünn mit einem Spachtel aufgezogen. An anderen Stellen wird er unregelmäßig dick, aber nicht dicker als wenige Millimeter aufgetragen, da sich sonst beim Trocknen Risse bilden. Nach dem Trocknen schleift man alle so behandelten Teile mit Schmirgelpapier, damit weiche Formenübergänge entstehen.

Das Bemalen

Zum Bemalen eignen sich Plaka-Farben sehr gut, da sie mit Wasser verdünnbar und von Ungeübten leicht zu handhaben sind. Allerdings nicht reine Farben nehmen, sondern immer eine mit einer helleren oder dunklen Farbe brechen! Zuerst werden die Mauerfugen mit gebrochenem Schwarz nachgezogen, und zwar gut mit Wasser verdünnt, damit die Farbe in die Vertiefungen der Fugen läuft. Überschüssige Farbe wischt man sofort wieder mit einem feuchten Lappen weg. Dann bemalt man die Mauer ziegel- oder dunkelrot; Lehmmauern werden gelblich-braun.

Zum Bemalen eignen sich am besten Borstenpinsel. Auf einem alten Teller mischt man Rot mit Zusätzen von Braun oder Schwarz. Bereits nach ein paar Pinselstrichen werden diese Farben erneut gemischt, um kaum wahrnehmbare, aber doch unterschiedliche Schattierungen von Dunkelrot auf die Mauer zu zaubern. Bevor die Farbe ganz getrocknet ist, wischt man mit einem feuchten Tuch so darüber, daß sie an den erhabenen Stellen wieder entfernt wird. Mit einer leicht aufgehellten Farbe (Rot, Gelb oder Grün) lasiert man diese Bereiche erneut. Zum abschließenden Patinieren wird ein trockener Borstenpinsel ganz leicht in braune, später in braungrüne Farbe getaucht und an manchen Stellen auf das Mauerwerk getupft. Die Bemalung des Bodenbrettes geschieht auf ähnliche Weise, nur daß man hier dunklere, braune und grüne Farben verwendet.

Die Beleuchtung

Bei einer offenen Krippe kommt der Beleuchtung nicht die Bedeutung zu wie bei der geschlossenen Bühnenkrippe. Es genügt, in den Innenraum der Krippenruine an unsichtbarer Stelle eine Fassung anzubringen und das Birnchen über Batterie oder Transformator mit Strom zu versorgen. Die Lichtquelle wird so angebracht, daß sie zwar unsichtbar bleibt, aber mit der Hand gut zu erreichen ist. Defekte Birnchen können dann problemlos ausgewechselt werden.

Einbettung in die Landschaft

Die wenigsten Wohnungen erlauben es heute, quadratmetergroße Krippen aufzustellen. Hat man aber nur wenig Platz, so läßt sich der Ruinenstall recht wirkungsvoll in eine kleine Landschaft einbetten. Stellt man die Krippe an eine Wand, so könnten hinter der Ruine aufgestellte kleinere Tannenbäume oder Zweige einen harmonischen Abschluß zur Wand bilden.

Es ist wirkungsvoll und krippenspezifisch, wenn man die Fläche vor der Ruine mit dünnem Moos auslegt, das man an großen Wurzenstöcken findet (die Verwendung von Gummihandschuhen beim Moosholen wird wegen der Gefahr des Fuchsbandwurms empfohlen).

Sparsam sollte man mit Steinen, Wurzeln und Rinden umgehen. Wenn man sie nur regelmäßig über die ganze Landschaft verteilt auf das Moos legt, wirkt dies unnatürlich. Die Umgebung der Ruinenkrippe braucht auch »leere« Flächen, wo sich das Auge des Betrachters ausruhen kann. Steine, Wurzeln und Rinden werden nur zur Gestaltung von Randpartien oder Landschaftsübergängen verwendet. Sie werden organisch mit Moos eingebunden.

Orientalische Krippen

Orientalischer Ruinenstall (mit »losem Berg«)

Ab der Mitte des 19. Jahrhunderts wurden Pilgerreisen in das Heilige Land erstmals auch für Normalbürger erschwinglich. Unter diesen Leuten befanden sich auch Krippenbauer, vor allem aus Tirol, die nun plötzlich mit einer ganz neuen Sichtweise der heiligen Begebenheiten konfrontiert wurden. Waren sie bisher auf mehr oder weniger phantastische Schilderungen angewiesen, die sich mit ihren eigenen Erfahrungen und Vorstellungen vermischten, so erlebten sie nun die Heiligen Stätten im Original. Diese Eindrücke blieben nicht folgenlos. In einer radikalen Wende ließen die Pioniere des Orientalischen Krippenbaus alte, barocke Traditionen hinter sich und verhalfen der historisch-realistischen Krippe zu einem wahren Siegeszug.

Man sah es von nun an als erwiesen an, daß Jesus in einer Höhle geboren wurde. Also mußte der Geburtsort eine grottenähnliche Höhle (Höhlenstall) sein, in der Art, wie sie noch immer von Hirten in der Umgebung Bethlehems genutzt wurden. Oder man stellte sich den Stall als einen abgelegenen, ruinenartigen Raum (Ruinenstall) einer Karawanserei vor. Die Stadt Bethlehem, das Hirtenfeld, wo der Engel den Hirten erschien, und das Hirtendorf sollten in Lage und Gestalt so natürlich wiedergegeben werden, wie man sie vorfand, wobei man über die Veränderungen der dazwischenliegenden Jahrhunderte meist großzügig hinwegsah. Landschaft und Vegetation mußten morgenländisch sein. Dieser Krippenstil hielt sich gut einhundert Jahre und hat auch heute noch seine Anhänger. Selbstredend gehören zu einer orientalischen Szenerie auch Figuren im orientalischen Stil. Je zahlreicher und größer die Figuren sind, desto größer wird der Raumbedarf. Errichtet man die Landschaft unveränderbar auf einer Grundplatte, so spricht man von einem »festen Berg«. Würde dieser zu groß und sperrig werden, baut man ihn aus mehreren zusammensetzbaren Elementen, beispielsweise die flache vordere Ebene und die dahinter anschließende hügelige Zone. Die andere Möglichkeit ist ein sogenannter »loser Berg«, den man mit den gesammelten Wurzeln alljährlich nach Belieben in wechselnden Formationen neu aufbaut.

Für das vorliegende Beispiel wurden 16 cm große Figuren zugrundegelegt, und wegen der doch beträchtlichen Größe der Figuren wurde ein loser Berg gewählt. Man kann ihn, wenn wenig Platz zum Aufstellen besteht, klein halten, im Extremfall sogar ganz weglassen, oder, wenn sich der Figurenbestand im Laufe der Jahre vermehren sollte, weiter ausbauen.

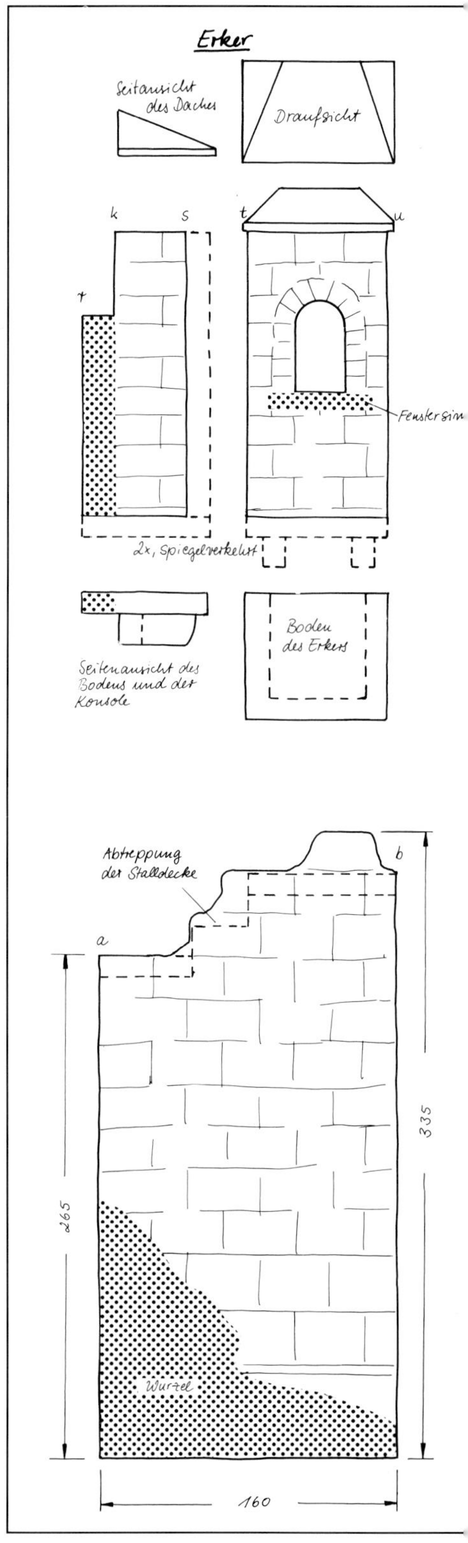

◀ *Seite 72/73:*
ORIENTALISCHER RUINENSTALL (MIT »LOSEM BERG«)
Die Krippe ist im Nazarenerstil gebaut. Die Originale der Papierfiguren wurden von dem bedeutenden »Nazarener« Josef von Führich gemalt. Die Vordergrundfiguren sind 16 cm groß (Bezugsquelle im Anhang). Wer nicht das Glück hat, einen so schönen gemalten Hintergrund zu besitzen, wird auf das Kapitel über Hintergrundmalerei auf Seite 107 verwiesen. Die Landschaft ist aus Wurzeln und Korkrinde lose zusammengesetzt und nicht zu üppig mit Moos belegt. Teilweise wurde auch Sand aufgestreut. Ganz wesentlich tragen die Palmen zur Charakterisierung des Lokalkolorits bei. Daß der Hintergrund mit Tannenzweigen eingefaßt ist – im Foto wurde eine künstliche Girlande verwendet – widerspricht zwar scheinbar dem Stil, entspricht aber einer Tradition. Auch der unbedingt erforderliche Zaun geht traditionell nicht auf den Stil der Krippe ein.

Für die Gebäude wurde die kubische, orientalische Bauweise mit Flachdach oder Kuppel gewählt. Repräsentative Bauwerke, wie diese Stallruine, werden in regelmäßigem Natursteinmauerwerk errichtet mit bogenförmigen Maueröffnungen und Decken als gemauerte Gewölbe, einfache Gebäude in Lehmbauweise. Die Wände werden durch Pfeiler, Gesimse, Erker und Zinnen gegliedert. Fenster- und Türöffnungen sind klein. Daß dabei auch Bauformen auftauchen, die eigentlich erst in der Kreuzfahrerzeit aufkamen, soll nicht stören. Wir wollen uns in die Zeit versetzen, als sich erstmals Krippenbauer vom Heiligen Land beeindrucken und inspirieren ließen.

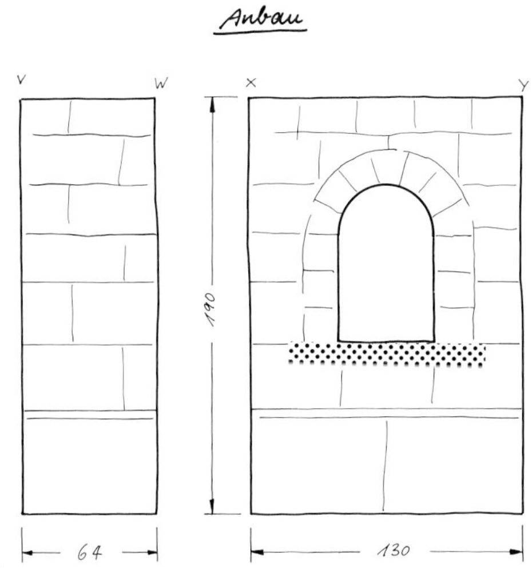

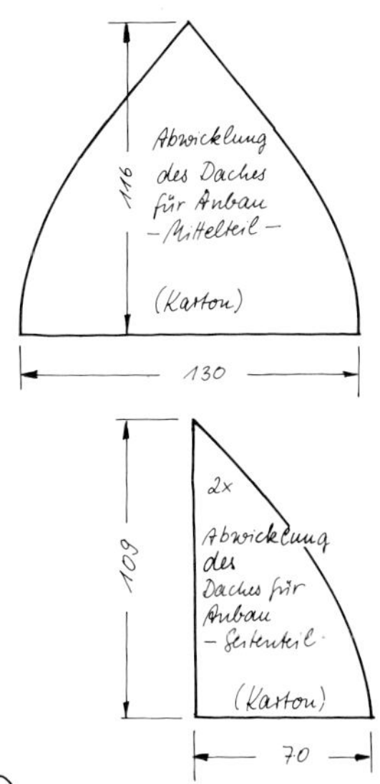

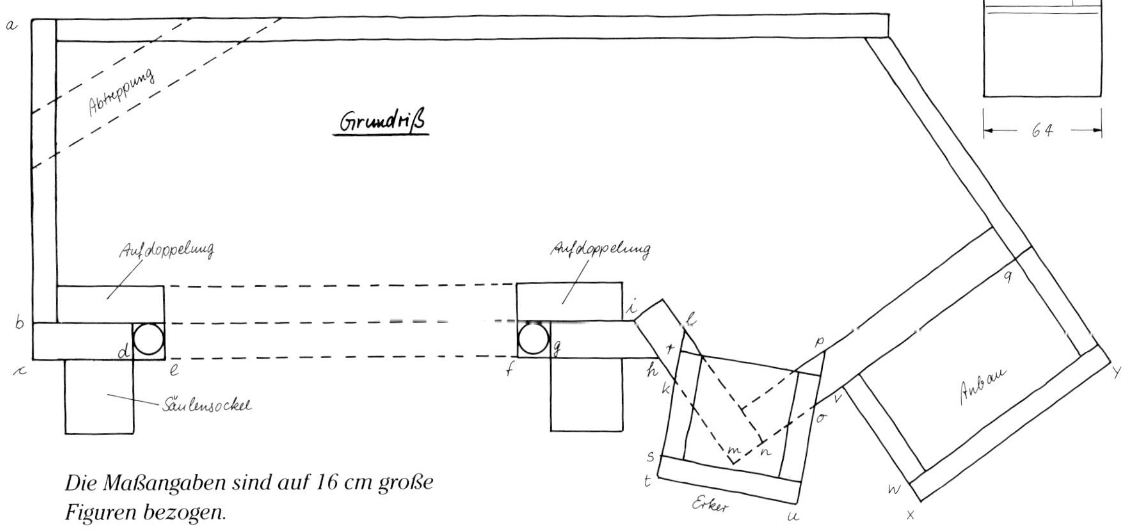

Die Maßangaben sind auf 16 cm große Figuren bezogen.
Die Rückseiten des Stalles sind nicht im Aufriß gezeichnet.

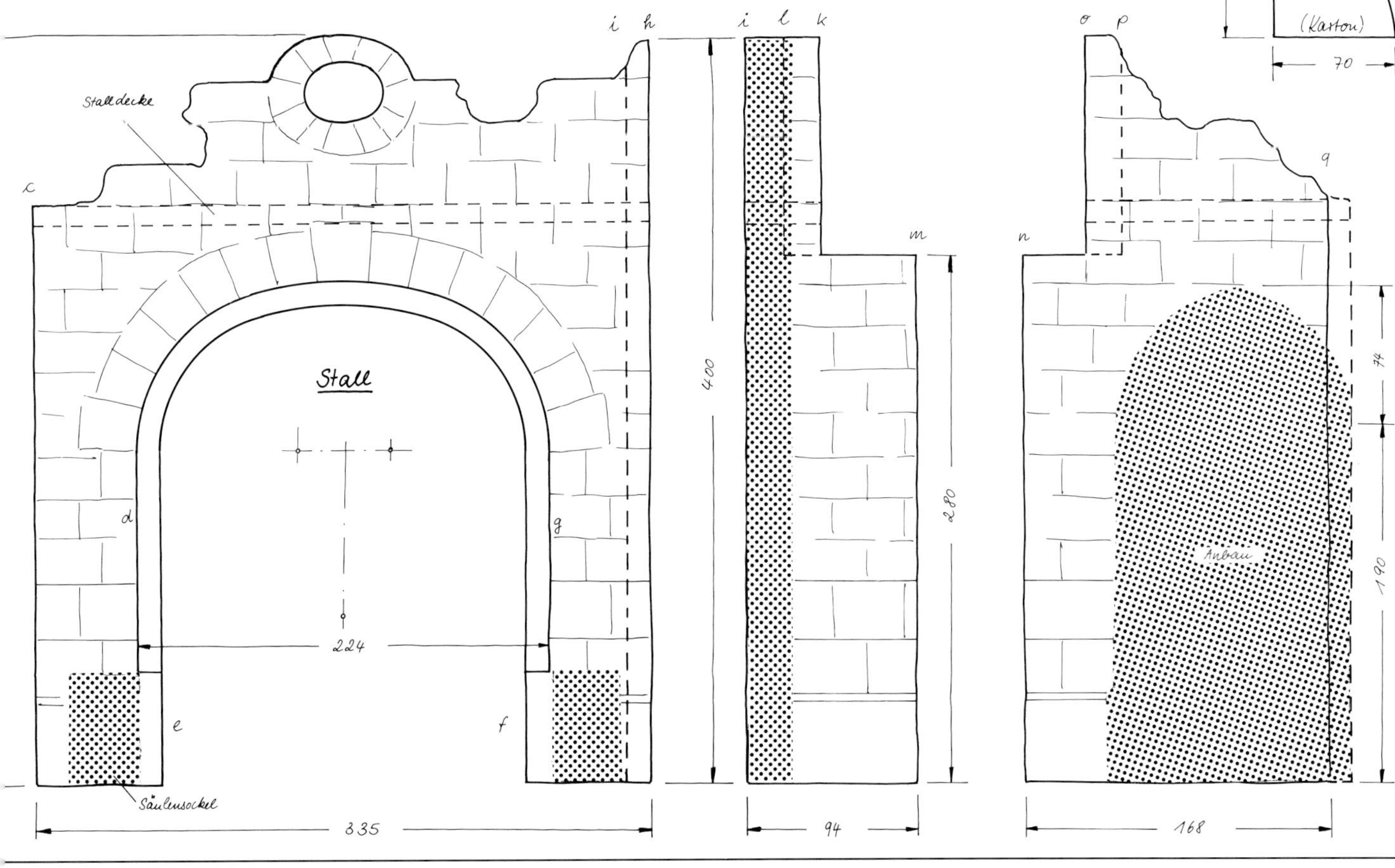

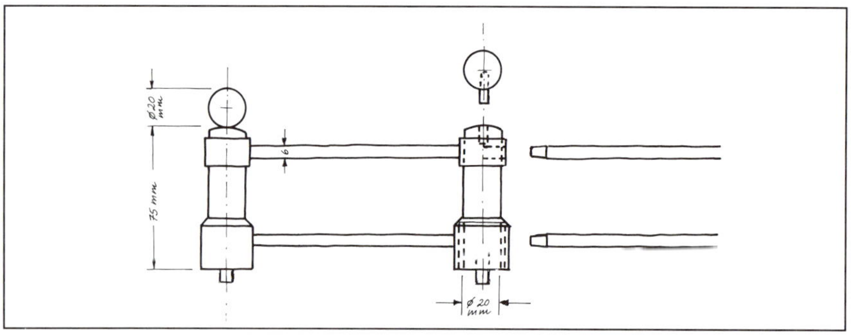

Die Herstellung des Zaunes sieht schwieriger aus, als sie tatsächlich ist: Grundmaterial ist ein Stück Besenstiel von 2 cm Durchmesser. Die Aufdickungen entstehen durch aufgeleimte Pappestreifen. Die Kugel und die Querstangen (aus dem Bastelladen bzw. Blumenstützen aus dem Garten- oder Baumarkt) werden in die Säule nach einer entsprechenden Vorbohrung eingeleimt. Dazu müssen Sie bereits vorher in der gleichen Technik die Kugel mit einem Holzdübel versehen.

Der Rohbau

Man kann die Gebäude aus Holzbrettchen zusammenleimen wie bei der alpenländischen Stallhütte (siehe Seite 40) und die Mauerstruktur hineinschnitzen. Hier wurde in einer anderen Technik gearbeitet. Holzbrettchen werden nur als Unterkonstruktion verwandt, auf die mit einer plastischen Modelliermasse (Plastika) eine Außenhaut aufgetragen und mit der gewünschten Oberflächenstruktur versehen wird. Wenn Sie darangehen, das geeignete Baumaterial vorzubereiten, dann achten Sie darauf, daß die Brettchen für den Rohbau abgelagert sind, damit später keine Schwundrisse auftreten. Sägen Sie die Umrisse aus, beachten Sie aber, daß das Plastika noch etwa 2 mm aufträgt. Außenmaße müssen also entsprechend kleiner, Öffnungsmaße größer sein. Basis ist der Maßstab für die 16 cm großen Figuren.

Der Rundbogen

Falls Sie sich die Rundprofilierung der Toreinfassung handwerklich zutrauen, arbeiten Sie folgendermaßen weiter. Für das Profil kaufen Sie sich ein Rundstäbchen von 15 mm Durchmesser. Dann muß das Brettchen für die Fassade mit der Türöffnung ebenso dick sein, so daß es nach Auftrag der Plastika-Masse gegenüber dem Rundprofil etwas hervortritt. Der Torbogenausschnitt muß dann um 2 x 15 mm weiter und um 15 mm höher als das gewünschte Fertigmaß ausgesägt werden. Sodann sägt man ein Torbogenelement mit dem tatsächlich gewünschten Ausschnitt aus einem mindestens 18 mm oder aus zwei aufeinandergeleimten 10 mm dicken Brettchen und leimt dieses von der Innenseite an. Somit ergibt sich ein Rücksprung, in den der Rundstab eingeleimt werden kann. Für den Bogenbereich muß der Rundstab in etwa 20 mm lange, leicht schräg abgesägte Stückchen zerteilt werden, bevor diese Einzelglieder eingeleimt werden. Je länger man die Stäbchen machen würde, umso unangenehmer fiele ins Auge, daß sie nicht gebogen sind. Nachdem der Leim hart ist, werden die Stoßstellen des Profilstabes verschliffen.

Wenn Sie auf die Rundprofilierung verzichten, sägen Sie den Torbogen in den tatsächlich gewünschten Abmessungen aus und doppeln ihn von innen mit einem gleich weiten, 18 bis 24 mm Torbogenelement auf. Die Aufdoppelung dient dazu, ein dickes Gemäuer vorzutäuschen.

Die Rohbau-Fertigstellung

Dann werden die Brettchen der Außenmauern und der Stalldecke unter Zuhilfenahme von Kaltleim zusammengeschraubt. Die Oberseite der Gebäudedecke soll von außen nicht sichtbar sein. Aus diesem Grunde führt man die Außenmauern seitlich und vorne über die Decke hinaus und läßt sie ruinenartig abbröckelnd enden. Die Decke besteht also aus einem rohen Brett in der Größe der

Die Stallruine und der aus einer Papprolle gefertigte Turm sind grob ausgesägt und zusammengesetzt. Von innen her wurde der Torbogen mit einem eigenen Brettchen aufgedoppelt, jedoch um 15 mm einspringend. Nur im unteren Teil bestimmt die Weite des inneren Bogens die Öffnungsweite der Fassadenfläche. Die Säulensockel sind schon angebracht, die Säulen selbst sind erst auf die Fassade skizziert.

Die Rundprofilierung ist in den Rücksprung des Torbogens eingeleimt, am Hauptbau und am Turm ist die Plastika-Masse aufgebracht und strukturiert. Infolge des Trocknungsvorganges sind die Mauersteine in der Mitte eingesunken. Der Schwund kann ausgeglichen werden, indem man in der Mitte der Steine nochmals Plastika aufträgt. Das Dach des Anbaues rechts ist aus Wellkarton zusammengeleimt und mit Papier überklebt (kaschiert). Das Grundbrett ist noch zu groß. Es muß im Torbereich zurückgeschnitten werden, damit dort die nach unten führende Treppe angesetzt werden kann.

Innenabmessungen des Gebäudes. Die Rückwand und der rückwärtige Teil der Seitenwände reichen nur bis Oberkante Decke. So kann diese später, wenn das Gebäude in die nach hinten ansteigende Landschaft eingebettet wird, als Aufstellungsebene für Figuren genutzt werden. Daduch spart man in der Tiefe Platz. Menschliche Figuren sollten dann aber aus Gründen der Perspektive kleiner als die Vordergrundfiguren sein. Um dem Stall optische Tiefe zu verleihen und den Gewölbecharakter zu betonen, leimt man ein bogenförmig ausgesägtes Brettchen auf die Innenseite der Stallrückwand. Da das Stallinnere mehr oder weniger im Dunkeln bleibt, braucht man nicht zu sehr ins Detail zu gehen. Traditionell bringt man an der Rückwand noch die Futterraufe an, wie sie bei den Wurzel- und Rindenkrippen beschrieben ist.

Es macht sich gut, wenn es aussieht, als wäre eine Ecke des Gebäudes auf blankem Fels gegründet. Suchen Sie sich dazu ein schönes Wurzelteil, verpassen Sie ihm einen ebenen Sägeschnitt und leimen Sie es mit dieser Fläche an die geeignete Stelle der Gebäudewand. Sehen Sie auch jetzt schon in der Decke die Öffnung vor, in der die Fassung für die Stallbeleuchtung versenkt wird, und achten Sie darauf, daß man das Glühbirnchen später auch auswechseln kann. Der Betrachter darf die Lichtquelle nicht sehen. Sie muß also tief genug eingelassen werden, oder aber vom tieferliegenden Gurtbogen des Stalltores oder von einem vorgeblendeten Strohdach verdeckt werden.

Erst wenn man sicher ist, daß im Stallinneren keine Arbeiten mehr erforderlich sind, kann das Gebäude auf ein 12 bis 15 mm dickes Brettchen unter Zuhilfenahme von Leim geschraubt werden. Die Schraubenköpfe sind zu versenken. Wenn Sie die Größe des Brettchens bestimmen, überlegen Sie, ob Sie darauf noch Säulen, einen angebauten Turm, einen Ziehbrunnen, eine anschließende Wurzelhöhle oder sonstige Zutaten unterbringen wollen. Achten Sie auch darauf, daß die Fasern des Brettchens parallel zum Stalleingang verlaufen, denn dort haben Sie die Vorderkante als ausgetretene Schwelle auszubilden. Sollen es mehrere Eingangsstufen sein, so bauen Sie einige Brettchen treppenförmig darunter.

Die Detailausbildung

Spätestens jetzt sind noch die architektonischen Details anzubringen: Gesimse aus Holzleisten mit vorne abgerundeten Kanten, Fenstersimse, Bogenfriese und so weiter. Profilierte Gesimsleisten sind im Bastelgeschäft erhältlich. Soweit Profilierungen auf runde Mauern – z. B. bei Türmen – aufgesetzt werden sollen, kann man am einfachsten eine dicke Schnur oder Kordel aufleimen, die man anschließend mit verdünntem Leim härtet. Bogenfriese schneidet man aus dicker Pappe oder aus Korkstreifen. Diese Elemente müssen so stark auftragen, daß sie aus der Außenhaut von 2 mm Dicke noch ausreichend hervortreten.

Diese Außenhaut besteht an den sichtbaren Stellen aus einem Plastika-Überzug. Man trägt auf das Holz Kaltleim auf, läßt ihn leicht antrocknen und streicht darauf die gut durchgeknetete Masse in einer Dicke von etwa 3 mm für das Mauerwerk. Die durchlaufenden waagerechten Mauerfugen drücken Sie mit der Kante eines Brettchens oder Stäbchens ein, die versetzten senkrechten Fugen mit einem Hölzchen in der Breite der Fugenhöhe. Das ist noch besser als wenn man die Fugen einritzen würde, da die Steinkanten an den Rändern abgerundet wirken und nicht aufklaffen. Achten Sie darauf, daß sich auch an den Ecken die Steine schön verzahnen. Zurückgesetzte Leibungen erhalten Sie, wenn Sie das Plastika nach dem Erhärten mit einem Messerchen an der gewünschten Kante entlang einschneiden und abheben.

Ein Säulenpaar, davon eine Säule eventuell als abgebrochener Stumpf, unterstreicht den heroischen Charakter der Ruine. Am leichtesten herstellbar und dabei am wirkungsvollsten halte ich dafür die verholzten Stengel des Wiesenkerbels (Anthiscus silvestris), die man im Herbst und Winter an Waldrändern und auf Brachen findet. Bei einer Figurengröße von 16 cm sind aber schon 25 mm starke Stengel erforderlich, damit die Säulen nicht zu dünn aussehen. Um sie stabiler zu machen, füllt man ihr Inneres locker mit Plastika. Wenn Sie die Säulen dann zwei Minuten in die Mikrowelle legen, schäumt die Masse auf. Die Trocknungszeit beträgt aber immer noch etwa eine Woche. Die Masse muß völlig durchgetrocknet sein, bevor man die Stengel weiter bearbeitet. Die Säulen erhalten einen hochrechteckigen, 6 cm hohen Holzsockel und scheibenförmige Basen und Kapitelle, die man am einfachsten aus den Köpfchen von Sektkorken schneidet und anschließend wulstig feilt.

Die Burg »auf Fels gegründet«. Mehrere Lagen Zeitungspapier werden mit Tapetenkleister über die Zwischen räume der Wurzeln geklebt. Man kann statt dessen auch Stoffetzen und Kaltleim verwenden.

Der runde Turm

Ein an den Ruinenstall angebauter oder danebenstehender, ruinenartiger »Turm Davids« sollte eigentlich nicht fehlen. Da die meisten Bauwerke kubisch sind, erhält der Turm zur Abwechslung einen runden Grundriß. Er soll wuchtig wirken, deshalb kann sein Durchmesser ohne weiteres die Größe einer Figur, also etwa 16 cm erhalten. Besorgen Sie sich eine entsprechende Papprolle in einem Textilladen oder einem Geschäft für Büroartikel. Bauen Sie den Turm möglichst nicht aus einem Stück. Man sieht ihm sonst allzuleicht seine nüchterne Herkunft an. Sägen Sie ein etwa 25 cm und ein etwa 15 cm langes Teilstück. Aus dem kürzeren Stück wird ein Längsstreifen herausgeschnitten, der so breit ist, daß die dann zusammengedrückte Röhre in die andere teleskopartig hineingeschoben werden

Die Oberflächenstruktur ist in die weiche Plastika-Masse eingedrückt. Die Mauersteine des Torbogens und der darüberliegenden ovalen Fensteröffnung treten hervor. Im Inneren erkennt man ein Gewölbe aus Karton und Pappmaché. Die Wurzeln sind so angebracht, daß es aussieht, als sei das Gebäude auf Felsen gegründet.

kann. Dann werden die Stirnseiten der Längsfuge und je 5 cm der ineinanderzuschiebenden Röhrenenden mit Leim bestrichen und 5 cm ineinandergesteckt. Die Klebefuge wird bis zum Erhärten der Leimung straff mit einer Schnur umwickelt. Erscheint Ihnen der Absatz zwischen den beiden Turmteilen zu gering, so leimen Sie in den unteren Teil zuerst einen Zwischenring und verengen Sie den oberen Teil entsprechend stärker.

Nach dem Erhärten des Leims schneidet man mit einem scharfen Schnitz- oder Federmesser schießschartenartige Fensteröffnungen und einen kleinen Torbogen in die Turmwandung und schneidet ebenso die zerfallene Mauerkrone. Alle sichtbaren Mauerkanten sind aufzudoppeln, damit der Eindruck eines dicken Mauerwerks entsteht. Ausgefranste Schnittkanten werden mit einer kleinen Feile oder feinem Sandpapier leicht abgerundet und geglättet.

Schließen Sie den Turm oben mit einer runden Holz- oder Kartonscheibe ab. Als Kuppel besorgen Sie sich im Bastelgeschäft eine Styroporkugel, deren Durchmesser etwas kleiner ist als der Turmdurchmesser. Die Kugel wird halbiert und auf die Abdeckscheibe geleimt. Kaschieren Sie die Kuppel noch mit einigen Lagen Zeitungspapierstreifen.

Nun müssen Sie sich entscheiden, ob der Turm freistehen oder an den Stall angebaut werden soll. Im zweiten Falle sägen Sie die Wandung des Turms so aus, daß der Eindruck entsteht, als würde er den Stall durchdringen. Man bringt, wie bereits beim Stall beschrieben, mit Plastika das Mauerwerk auf, indem man die Mauerfugen eindrückt. Machen Sie im unteren Teil die Mauersteine größer als im oberen. Den Absatz zwischen den beiden Turmteilen schrägen Sie mit Plastika ab. Dann leimt man den Turm auf das Grundbrettchen und – sofern er nicht frei stehen soll – gleichzeitig an die Stallmauer.

Auf der Rückseite des Turms ist zu erkennen, wie der obere Teil durch Herausschneiden eines Streifens so weit verengt wurde, daß er in den unteren Teil gesteckt werden kann. Soll der Turm eher dicker sein, dann schneidet man statt dessen den unteren Teil der Rolle auf und klemmt den Spalt mit einem Kantholzstäbchen auseinander. Anschließend wird die Rolle mit einer Stoffbinde fest umwickelt. Das Ganze geschieht unter Verwendung von Kaltleim.

Orientalischer Höhlenstall (mit »festem Berg«)

Am anspruchsvollsten in der Landschaftsgestaltung ist die Orientalische Krippe mit »festem Berg«. Da bei diesem Krippentyp häufig der Landschaft eine dominierende Rolle zukommt, ist der feste Berg besonders für kleinere Figuren geeignet. Das beschriebene Beispiel geht von 10 cm großen Figürchen aus. Die Krippe mit dem Christkind steht in einer Höhle.

Unter entsprechender Anwendung der vorstehend erläuterten Grundsätze können Sie aber auch den größenmäßig darauf abgestimmten Ruinenstall aus dem vorigen Beispiel dazu bauen oder den Höhlenstall mit einem losen Berg kombinieren. Bei 10 cm großen Figuren darf die gesamte Grundfläche der Krippe 1 m breit und einen guten halben Meter tief sein. Überlegen Sie bereits jetzt, wie Sie Ihre Figuren gruppieren wollen und sehen Sie in Ihrer Planung die erforderlichen Stellflächen für sie vor.

Als Grundbrett verwenden Sie hier zweckmäßigerweise eine Tischlerplatte, 16 cm dick, bei einer Grundfläche von 100 x 60 cm. Bei doppelter Fläche nehmen Sie eine Platte von 20 mm Dicke. Die Tischlerplatte besitzt den Vorteil, daß sie leicht ist, sich nicht verwirft und sich gut leimen, nageln und schrauben läßt. Der Platz für die Stallhöhle ist hier auf der linken Seite vorgesehen, aber so, daß im Vordergrund noch genügend Raum für die Figuren bleibt, die sich um das Jesuskind scharen. Wenn sich dann das auf einer Anhöhe liegende Städtchen Bethlehem im Hintergrund ausbreitet, dann hätte man sich nach landläufiger Ansicht das Hirtenfeld dahinter im Tal vorzustellen. Das ist aber nicht realisierbar, darum wird es seitwärts verlegt. Die tiefe Lage des Hirtenfelds wird dadurch erreicht, daß das Geländeniveau im Bereich der Stallhöhle angehoben wird und erst ganz im Vordergrund wieder als Kante abfällt. Hinter der Höhle steigt der Berg an. Ein Teil der Stadtmauer Bethlehems mit einem Tor und einigen Häusern bilden den Übergang zu der auf dem Hintergrund gemalten Stadt. Besitzt man keinen gemalten Hintergrund, tut es auch ein blauer Stoff oder Karton. Wie man sich einen Hintergrund selbst malen kann, erfahren Sie auf Seite 107ff. Wünschen Sie einen Rundhorizont, dann erhält das Grundbrett die Form eines Halbkreises. Zumindest aber sind die beiden hinteren Ecken gut auszurunden.

◀ *Seite 80/81:*
ORIENTALISCHER HÖHLENSTALL (MIT »FESTEM BERG«)
Auf diesem Bild wird eine orientalische Krippe vorgestellt, die um 1920 in Südtirol entstanden ist. Die Unterkonstruktion sieht etwa so aus: Mit Brettchen wurden die verschiedenen Ebenen angelegt. Darauf wurden größere Platten von Lärchenrinde aufgeleimt und mit Holznägeln durch vorgebohrte Löcher angestiftet. Die Rindenstücke wurden von unten nach oben fortschreitend dachplattenförmig, aber in unregelmäßigen Abständen, zusammengesetzt, so daß die vorderseitigen Bruchkanten als Geländekanten zu sehen sind. Hohlräume zwischen den Rinden und den Auflegebrettchen sind mit Klötzchen ausgekeilt, lose Rindenteile wurden entfernt. Mit dem Messer wurde nach Erhärten des Leims das Gelände nachbearbeitet. Verbleibende Fugen oder Geländeübergänge wurden mit plastischer Masse ausgefüllt.
Recht originell wurden die »Libanonzedern« hergestellt: Auf ein leicht konisches Stäbchen als Stamm wurden Stücke von Fichtenrinde, nach oben kleiner werdend, aufgespießt und festgeleimt, anschließend die Rinden mit Leim bestrichen und mit grobem Sägemehl überstreut. Auf die gleiche Weise kann man auch das Gebüsch bilden. Unschön wirkt der gerade obere Abschluß des Hintergrundes. Vermutlich handelt es sich um eine spätere Veränderung.

Die Stallhöhle

Der Höhleneingang soll in seinem höchsten Punkt knapp die doppelte Figurengröße erreichen. Fehlende Höhe gleicht man im Bodenbereich mit Klötzchen aus, die anschließend durch Verblenden mit einem Rinden- oder Wurzelstück oder durch Kaschieren mit Papiermaché unsichtbar gemacht werden. Während man sonst bei bodenständigen Baumaterialien bleiben soll, kann bei einer Orientalischen Krippe mit gutem Erfolg Korkrinde verwendet werden, die es in Zoohandlungen zu kaufen gibt. Schließlich wächst die Korkeiche im gesamten mediterranen Raum. Ideal ist es, wenn man für die Stallhöhle eine schöne, schalig geformte Wurzel gefunden hat. Es geht aber auch mit einer Anzahl kleinerer, knorriger Wurzelteile, die man mit einer grob gezimmerten Holzkonstruktion verblendet. Auch gebrochene Rinden wirken gut, nur sollte man darauf achten, daß ihre Struktur wie bei einem Schichtgestein durchgehend annähernd waagrecht verläuft. Die verbleibenden Zwischenräume füllt man mit selbst angesetztem Papiermaché und/oder Plastika aus. Grobes Papiermaché stellt man am einfachsten her, indem man Schnitzel aus Zeitungspapier mit leicht verdünntem Kaltleim intensiv mischt und knetet. Mit Kaltleim vermischtes Papiermaché wird härter als das mit Tapetenkleister angesetzte. Am Übergang zum Holz streicht man dieses mit Kaltleim vor, um einen guten Zusammenhalt zu erzielen. Die Stallhöhle wird auf ein eigenes Bodenbrettchen gebaut, damit bei der Gestaltung der Landschaft hinsichtlich Lage und Höhe noch genügend Anpassungsmöglichkeiten verbleiben.

Über das Zusammenfügen von Wurzelteilen ist bereits einiges im Kapitel zu den Wurzelkrippen gesagt worden. Je nachdem wie die Stallhöhle geformt ist, kann man die Decke mit einem »gemauerten« Pfeiler abstützen und damit den Raum gleichzeitig unterteilen. Wird eine Stallbeleuchtung gewünscht, so muß man diese, ähnlich wie im vorigen Beispiel, bereits jetzt mit vorsehen. Die hohle Unterkonstruktion des Krippenberges bietet genügend Platz zur Unterbringung der Drähte und des Transformators.

Geländegestaltung eines festen Berges für orientalische Krippen.

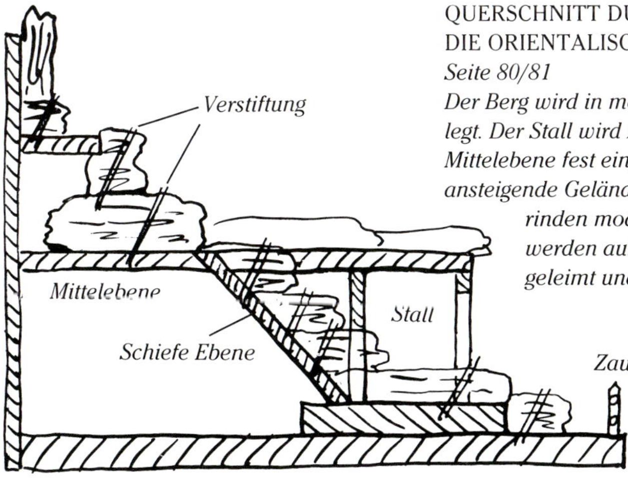

QUERSCHNITT DURCH
DIE ORIENTALISCHE KRIPPE
Seite 80/81
Der Berg wird in mehreren Ebenen angelegt. Der Stall wird zwischen Grund- und Mittelebene fest eingebaut. Das hinten ansteigende Gelände wird mit Lärchenrinden modelliert. Die Rinden werden auf die Unterkonstruktion geleimt und gestiftet.

Der Aufbau des Krippenberges

Zur Nachahmung des felsigen Geländes lege man sich einen ausreichenden Vorrat verschiedenartiger Wurzeln und Rinden an, die nicht besonders groß zu sein brauchen, aber lebhafte Formen aufweisen sollen. Alle Stücke müssen fest sein. Brüchige Teile sind zu entfernen. Halbverrottete Buchenwurzeln und Fundstücke aus Wildbächen sind besonders geeignet.

Das Grundbrett erhält als Begrenzung zwei seitliche Wangen, die von 5 cm Höhe vorne auf 30 cm Höhe hinten ansteigen. Im Prinzip ist der Berg ähnlich wie der mittelschwäbische angelegt, nur daß er flacher und naturalistischer gestaltet wird. Für einen Rundhorizont ist der rückwärtige Abschluß allerdings bogenförmig zu formen. Dazu verwendet man am besten eine flexible Hartfaserplatte. Anschließend an den Scheitel der Höhle zieht man bis zum rückwärtigen Rand ein Zwischenpodest, von dem aus nach oben weitergebaut werden kann. Mit 10 bis 15 mm dicken, schmalen Brettchen legt man nun die terrassenförmig ansteigenden und abfallenden Wege an. Links führen Stufen an der Höhle vorbei in den Vordergrund herab. Rechts hinten läßt man die Landschaft vom Hirtenfeld aus nach einem kleinen Übergang steil ansteigen. Am rechten vorderen Rande plaziert man als optisches Gegengewicht zum Stall einen »Felsen« oder eine kleine Höhle.

Nach rückwärts werden alle Staffagen, wie Gebäude, Treppenstufen, Brücken, Feldsteinmauern, Bäume (Palmen) perspektivisch kleiner. Manche seriell hergestellten Krippenfiguren gibt es in verschiedenen Größen, so daß im Hintergrund kleinere Figuren aufgestellt werden können. Oft genügt allein schon eine Herde kleiner Schafe, um den Reiz räumlicher Tiefe zu vermitteln. Werden Ausschneidefiguren aus Papier aufgestellt, dann kann man die für den Hintergrund vorgesehenen Figuren auf dem Farbkopierer verkleinern.

Alle Flächen, auf denen Figuren aufgestellt werden sollen, müssen eben sein. Ansteigende Wege werden aus Brettchen gebildet und dürfen nicht zu steil geraten, damit die Figuren nicht umkippen. Größere Steigungen werden mit Stufen überwunden. Diese sollen vorne etwas abgerundet werden, damit sie wie ausgetreten erscheinen. Man kann eine Stufe an die andere von unten mit je einem Schräubchen verbinden. Dann läßt

MAUERWERK AUS KIEFERNRINDE
Die kleinen, unregelmäßigen Stücke – einfach in den hell gestrichenen »Putz« gedrückt – simulieren eine grobe Bruchsteinmauer. Obwohl das Mauerwerk in diesem Fall zu einer Orientalischen Ruinenkrippe gehört, kann es genausogut für eine Europäische Ruine benutzt werden.

sich der Steig in der Erprobungsphase nach Belieben drehen und an das Gelände anpassen. Erst wenn alles stimmt, reißt man jede Vorderkante auf der darunterliegenden Stufe mit dem Bleistift an, lockert die Verschraubung, bestreicht die Berührungsflächen mit Leim, bringt die Stufen in die angezeichnete Stellung und zieht die Schrauben wieder fest. Zuletzt stützt man die Treppe mit Klötzchen auf der Unterkonstruktion ab. Die Vorderkanten von terrassenförmigen Höhenrücken werden mit geeigneten Wurzeln verblendet. Die verbleibenden Zwischenräume füllt man wie beim Stall mit grobem Papiermaché oder Plastika aus. Bringen Sie nicht sofort alles fest und unverrückbar an! Im Verlauf des Bauens wird es sich immer wieder als notwendig erweisen, das eine oder andere abzuändern. Erst wenn größere Partien zu Ihrer Zufriedenheit harmonisch zusammengestellt sind, sollten Sie die endgültige Befestigung vornehmen.

Das Fassen (Bemalen) des Berges

Als Grundierung übergeht man den ganzen Berg mit einer nicht zu intensiv deckenden Nußbeize. Dazu nimmt man einen weichen Borstenpinsel. Nirgends darf die helle Farbe des Holzes mehr hervorscheinen. Spalten, Höhlungen und Fugen müssen dunkel erscheinen. Manche Wurzeln sind allerdings von Natur aus so schön gefärbt, daß es schade wäre, sie zu übermalen. Sodann wischt man die noch feuchte Beize an den erhabenen Stellen mit einem ebenfalls leicht feuchten Lappen oder Schwämmchen etwas ab. Die mit Plastika überzogenen Flächen dürfen aber nicht zu fest abgewischt werden, da sie aufgeweicht sind. Während man die Plastika-Flächen trocknen läßt, gibt man den anderen Partien noch im nassen Zustand ihr eigentliches Kolorit.
Am einfachsten und billigsten geht es mit Dispersionsfarben, aber selbstverständlich kann man auch Plaka-Farben verwenden. Umbra, Ocker, Steingrau und Grün sind die überwiegenden Töne, die aber nie rein, sondern immer gemischt zu verarbeiten sind. Malen Sie großzügig! Setzen Sie die Farben partienweise in immer leicht wechselnden Tönungen. Im Felsgrau kann etwas Blau, aber auch Ocker untergemischt werden. Die Wege werden sandfarben. Die Wiesenflächen, die aber später sparsam mit Moos ausgelegt werden, erhalten eine braungrüne Grundfarbe. Tragen Sie die Farben mit einem ziemlich breiten Pinsel auf und verstreichen Sie die Übergange noch im feuchten Zustand mit einem zweiten Pinsel. Wischen Sie wie beim Beizvorgang leicht über die erhabenen Stellen, aber übertreiben Sie nicht. Der Berg ist in sich schon so lebhaft strukturiert, daß eine zusätzliche »Höhung« gekünstelt wirken kann. Es ist besser, der Berg trocknet zu hell heraus als zu dunkel, denn dunkler läßt er sich immer noch machen. Ähnlich wie bei der Landschaft geht man bei den Gebäuden vor, wobei Sie darauf achten müssen, daß der »Verputz« nicht aufweicht. Mauerwerk aus gebrannten Ziegeln kommt bei einfachen orientalischen Bauten praktisch nicht vor. Also kaum Rot verwenden, sondern Steingrau und Erdtöne!

Zuletzt kann man die Felsen und bodennahen Mauerpartien unregelmäßig mit Umbra und Moosgrün ganz fein spritzen, indem man mit dem Daumen über die Borsen eines Flachpinsels streift. Auch die Wege sprenkelt man auf diese Weise heller und dunkler, jedoch gröber als die Felsen. Man kann die Farbe auch mit einem dicken, steifen Borstenpinsel auftup-

MAUERWERK AUS KORKPLÄTTCHEN *bei einer Orientalischen Krippe. Dieses Mauerwerk erscheint sehr fest gefügt. Die Korkoberflächen sollen nicht zu glatt sein. Es ist besser, wenn man sie aus natürlicher Korkrinde schneidet, als aus Flaschenkorken.*

fen; dazu müssen aber sowohl Pinsel als auch die Farbe sehr trocken sein. Zur Auflockerung kann man da und dort, nachdem man die betreffenden Flächen zuerst mit Leim vorgestrichen hat, eingefärbtes Sägemehl oder Sand aufstreuen.

Die Landschaftsgestaltung

Nun muß die kahle Oberfläche noch belebt werden. Bei der Orientalischen Krippe gelten andere Gesetze als beim naiven schwäbischen Krippenberg. Deshalb soll hier die Landschaft möglichst natürlich wirken. Feldsteinmauern leimt man am besten aus zurechtgeschnittenen Stückchen Kiefern- oder Lärchenrinde zusammen. Die Steine sollen kantig aussehen und nicht rund, denn es gibt im Inneren Palästinas kein Geröll.

Kleinere Brücken sind nur Steinplatten, die beidseitig auf größeren Steinbrocken ruhen. Auch hierfür verwendet man am besten gebrochene Lärchenrinde. Größere Brücken sind bogenförmig gemauert, mit starken Widerlagern. Machen Sie die Brüstungen höchstens kniehoch, sonst wirkt die Brücke zu plump. Einige aus Rinde oder Kork geschnittene Steinbrocken an den Wegsäumen betonen den felsigen Charakter der Landschaft.

Soweit die Bauwerke an den Hintergrund gerückt und deshalb ziemlich klein sind, braucht man nicht zu sehr ins Detail zu gehen. In diesem Falle sollen sie auch nicht zu plastisch wirken, eher flach, wie durch ein Teleobjektiv gesehen. Dennoch sind aber Staffelungen und Profilierungen durchaus erwünscht. So sollen sich die Türme und Tore von der Stadtmauer abheben und Treppen, Zinnen, Strebepfeiler, Bögen und Kuppeln die Baukörper strukturieren. Innerhalb der Ringmauern Bethlehems staffeln sich einfache kubische Häuser am Hang des Hügels. Meist ist es ausreichend, die Bauten aus Holz herzustellen.

PALME *mit einem Stamm aus Haselnußästchen und Blattwedeln aus Tonpapier. Der Stamm ist mit eingeschnittenem Tonpapier und Kokosfasern umwickelt.*

Gut wirkt aber auch dicht gewachsener Kork, aus dem man die Baukörper mit dem gezahnten Haushaltsmesser mühelos herausschneiden kann. Sie weisen bereits die richtige Grundtönung und Oberflächenstruktur auf. Die oberflächennahe Schicht der Korkrinde schneidet man ab; man kann sie für Felspartien verwenden. Das Innere eignet sich für Mauerwerk und kleine Gebäude, Gesimse, Friese, Zinnen, Treppen, in breitere Streifen geschnitten auch für Wege.

Die Vegetation

Die Gegend von Bethlehem ist seit altersher ein fruchtbarer Landstrich, worauf schon der Name des Ortes hinweist, der etwa mit »Brothausen« übersetzt werden kann. Die felsige Landschaft ist also durchaus nicht kahl, sondern von einer vielfältigen Vegetation überzogen.

Wenn die Krippe mit Pflanzen belebt werden soll, dann kann man auf keinen Fall auf Palmen verzichten. Am einfachsten schneidet man aus grünem Tonpapier Streifen in der gewünschten Blattbreite, falzt sie der Länge nach in der Mitte, schneidet zuerst die Umrißformen für Blätter verschiedener Größe und anschließend die Fiederung. Dann falzt man jedes Blatt wieder auseinander und leimt in den Falz einen dünnen Blumendraht. Bei ganz kleinen Palmen, z. B. für den Hintergrund, kann man statt des Papiers dünnen Stoff verwenden, den man mit Leimwasser stärkt. Diese kleinen Palmen brauchen keine gefiederten Blätter. Bevor man etwa 20 unterschiedlich große Blätter zu einer Palmenkrone zusammenbindet, tönt man sie noch gelblichgrün, die Unterseite heller als die Oberseite. Die Blattstiele betupft man mit Leim und umwickelt sie fest mit Wollfaden.
Als Stamm eignet sich ein leicht gekrümmtes Haselnußästchen. Nachdem man die Palmenblätter zu einer möglichst natürlichen Krone gebogen und zusammengebunden hat, steckt man sie ohne sie festzuleimen in ein Loch, das man in das obere Ende des Ästchens gebohrt hat. Diese Methode hat den Vorteil, daß man die Blätterkrone beim Abbau der Krippe herausnehmen und schonend aufbewahren kann. Einen besonders natürlich wirkenden Stamm erhält man durch Bestreichen mit Leim und Umwickeln mit einer dicken faserigen Schnur.
Da diese Schnur aufträgt, muß der Ast entsprechend dünner gewählt werden. Unten bleiben etwa 15 mm frei, so daß man den Stamm in eine Bohrung des Grundbrettes stecken kann. Die Umwicklung wird dunkelbraun eingefärbt. Laubbäume erhält man aus umgedrehten, verkrüppelten Wurzeln von Jungbäumchen. Kiefern sind hierzu ganz gut geeignet. Für belaubte Äste setzt man Zweige der Alpenazalee (Loiseloiria procumbens), genannt Hirschheiderich, oder der Statizie ein. Aus Wacholder- oder Thujazweigen lassen sich Zypressen herstellen. Pinien erhält man, wenn man kleinere Moosstückchen plattformartig zwischen die Verzweigungen von umgedrehten Wurzeln leimt (siehe Bild Seite 93).

Auberge

Provençalische Krippen

Die Figuren

Auf den Weihnachtsmärkten und in Andenkenläden der Provençe werden die hübschen »Santons« angeboten. Das sind tönerne, farbenfroh bemalte Krippenfiguren, die neben der Heiligen Familie und den Hirten das ganze heitere Völkchen des südfranzösischen Alltagslebens repräsentieren. Man erhält sie in allen Größen, von zwei bis 12 cm und als bekleidete Figuren sogar bis zu 30 cm Höhe. Manche von ihnen haben als Andenken an die Sommerferien ihren Weg nach Deutschland gefunden. Man kann sie aber mit etwas Glück auch bei uns in verschiedenen Kunstgewerbegeschäften kaufen. Die provençalischen Hersteller, meist Familienbetriebe oder kleine Manufakturen, bieten Produkte echter, handwerklicher Volkskunst an. Sie füllen damit eine Lücke zwischen den industriell gefertigten Plastikfiguren, mit denen sich mancher Krippenbauer nicht recht anfreunden kann, und teuren Holzschnitzereien. Insofern können sie auch für den mitteleuropäischen Krippenfreund eine willkommene Alternative bedeuten. Wenn sich aber jemand zu einer Krippe mit Santons entschließt, dann wird er sich in der Regel auch eine dazu passende Landschaft wünschen. Meist ist es ein Krippenberg entsprechend den Hügeln und Hängen, Schluchten und Plateaus der Hochprovençe geformt. Beim Aufbau der Landschaft können wir uns die Größenabstufungen der Santons gut zunutze machen, indem wir beispielsweise Figuren von 10 cm für den Vordergrund, von 6 cm für die mittlere Zone und von 2 cm für den Hintergrund verwenden. So entsteht trotz eines relativ geringen Tiefenraumes der Eindruck räumlicher Perspektive.

◀ *Seite 86/87:*
KLASSISCHE PROVENÇALISCHE KRIPPE
Man sieht es dieser Krippe nicht an, daß sie erst schrittweise mit wachsender Figurenzahl entstanden ist. Anfangs war nur der Stall da, zu dem das umgebende Terrain gebaut wurde. Dann fügte der Krippenbauer die Herberge mit ihrem zugehörigen Landschaftsteil an und schließlich das Dorf rechts mit dem Dorfplatz, mit den Berghängen im Hintergrund und dem Friedhof darauf. Später, nachdem sich die »Santons« von Jahr zu Jahr beträchtlich vermehrt hatten, kam als rückwärtiger Abschluß die hohe Bergkette mit der Windmühle und dem luftigen Städtchen hinzu. Die auf einem eigenen Felssockel stehende Kapelle links im Bild war die letzte Ergänzung. Der steile Berg mit seinem serpentinenartig ansteigenden Weg bietet eine vorzügliche Gelegenheit, möglichst viele der kleineren Hintergrundfiguren gut sichtbar zu plazieren.
Die Bäume bestehen aus trockenen Pflanzen der Provençe. Der Kirchturm trägt das typische Eisengestell mit der Glocke. Die elektrische Straßenbeleuchtung wurde absichtlich ganz primitiv montiert, ebenso wie bei dem Wildbach aus Stanniolfolie ganz bewußt auf eine naturalistische Wiedergabe verzichtet wurde. Die Krippenlandschaft soll den gleichen naiven Reiz ausstrahlen wie die volkstümlichen »Santons«, mit denen sie bevölkert ist. Anstatt mit einem Zaun wird die Krippe mit einer Kette abgeschlossen. Der Krippenbauer verwendete dazu eine Bleischnur, wie sie in den Hohlsaum von Vorhängen eingezogen wird.

Klassische provençalische Krippe (mit verputzten Bauten)

In die Mitte des Vordergrundes, oder leicht aus dem Zentrum gerückt, kommt die Geburtsszene, die in den Stall- oder Scheunenanbau eines typischen, provençalischen Bauernhauses verlegt ist. Dazu gesellen sich weitere Gebäude, Taubentürme, ein Brunnen, die Kirche, eine Windmühle, eine Brücke und eine entfernte Burg. Am einfachsten stellt man die Bauwerke aus starkem Karton her.

Das ist eine Abbildung ohne Santons, bei der sich die Details besser erkennen lassen. Die auseinandergerückten Teile demonstrieren, wie die Krippe nach und nach gewachsen ist.

Die Rohbauten

Man zeichnet die Hauswände als sogenannte Abwicklung auf den Karton, vergißt nicht, an der letzten Kante eine Lasche stehenzulassen, schneidet den Umriß und die Öffnungen aus, falzt die Hauskanten vorne und zwar von der Innenseite her, knickt sie um und klebt die Lasche an der Innenseite der ersten Hauswand an. Auch die Unterkonstruktion der Dächer wird auf diese Weise angeklebt. Darauf kommt dann die Wellpappe, wie weiter unten beschrieben. Nach alter Tradition kann man die Wände mit Tapetenleim bestreichen und mit Korkraspel bestreuen. Bei etwas aufwendigerer Ausführung werden die Wände mit Plastika bestrichen und nach Belieben Steinmuster eingedrückt. Auch Moltofill kann verwendet werden, nur ist diese Masse spröder und hinterläßt später, wenn Teilchen bei etwas rauher Behandlung abplatzen, auffällige weiße Bruchflächen. Fenster- und Türleibungen werden mit dieser Masse ausgemauert und Gesimse angeformt. Man darf ruhig etwas grob spachteln, um dem Mauerwerk ein natürliches Aussehen zu geben. Auch das Ziegeldach aus Wellpappe kann mit einer ganz dünnen Schicht überzogen werden. Auch aus zusammengesetzten Tonplatten lassen sich Häuser modellieren. Sie werden getrocknet, gebrannt und anschließend bemalt. Es genügt, die Bauten wie Kulissen zu errichten, d. h., daß die nicht sichtbaren Teile weggelassen werden können, oder

PROVENÇALISCHES DORF
Bevor man mit dem Bau einer provençalischen Krippe beginnt, sollte man sich die wesentlichen Elemente eines der malerischen Dörfer einprägen. Das sind: dicht gestaffelte Häuser, meist aus braungrauem Naturstein, flache, häufig einseitig geneigte Dächer, schmiedeeiserne Glockenstühle auf den Kirchtürmen, felsige Landschaft.

Der Dorfplatz mit dem Rathaus (maîrie), der Kirche, dem Kriegerdenkmal, einer Steinbrücke und einer antiquierten Straßenlaterne. Auf dem Kirchturm steht der eiserne Glockenstuhl. Zypressen dürfen ebenso wie die gestutzten »Platanen« nicht fehlen.

Das Gehöft mit dem Krippenstall. In den turmartigen Gebäuden sind die Taubenschläge untergebracht. Der knorrige Baum ist ein alter Rosmarinstock.

nur roh zu bearbeiten sind. Wichtig ist, daß der provençalische Stil der Bauten getroffen wird, damit die Krippenlandschaft ihren typischen Charakter bekommt. Dazu verhelfen eigene Anschauungen bei Reisen in die Provençe und Vorlagen aus Bildbänden und Postkarten. Für die wichtigsten Bauten orientieren Sie sich an den Bildbeispielen, die nach Bedarf abgewandelt werden können.

Das Dach

Besonders charakteristisch sind die gering und häufig nur einseitig geneigten Dächer, die mit Mönch- und Nonnenziegeln gedeckt sind.

Gewöhnlich wird hierzu in Streifen geschnittene Wellpappe verwendet, die man überlappend auf eine Kartonplatte leimt. Das sieht aber nur gut aus, wenn man die Streifen wenigstens etwas unregelmäßig zuschneidet und verarbeitet. Schöner, aber arbeitsaufwendiger sind Dachziegel, die man in der erforderlichen Größe aus Schilfrohr oder den hohlen Zweigen des Maggistrauches (Liebstöckel) schneidet und auf den Grundkarton aufleimt. Man legt aber nur die dekkende Ziegelschicht, die »Mönche«, damit das Dach nicht zu plump wirkt. Die Dachziegel müssen sich nach dem oberen Ende verjüngen, damit sie von der nächstfolgenden Lage überdeckt werden können. Dazu muß jeder einzelne Ziegel konisch zugeschnitten werden.

WELLPAPPEZIEGEL
Sie entstehen einfach aus etwas unregelmäßig, in Streifen geschnittener Wellpappe, die schön eingefärbt, überlappend auf eine Kartonplatte geleimt werden.

Die Dachziegel sind aus den hohlen Zweigen des Liebstöckelstrauches (Levisticum officinale) geschnitten. Rechts oben sieht man, wie sie im Überlappungsbereich verschmälert sind.

Bei der Dachdeckung wurden die Ruinenziegel, die »Nonnen«, weggelassen, sonst hätte das Dach zu schwer ausgesehen. Für die Hauswand wurde das ausgelaugte Brett eines ausgedienten Mörtelkastens verarbeitet. Die herabhängenden Fensterläden unterstreichen die romantische Vernachlässigung.

Die Farbgebung

Alle verwendeten Farben sind mehr oder weniger mit Umbra zu brechen. Es empfiehlt sich, den Grundkarton der Dächer vor dem Aufleimen der Ziegel dunkelrot-braun zu streichen, da man sich später schwer tut, die tiefliegenden Stellen mit dem Pinsel zu erreichen. Dann übergeht man die Dachziegel unregelmäßig in der gleichen Farbe und in Ocker- und Brauntönen. Zuletzt kann man mit der Zahnbürste eine leichte Sprenkelung in Umbra und Moosgrün aufspritzen. Die Hauswände bemalt man gelblichbraun entsprechend ihrer natürlichen Farbigkeit oder patiniert sie sehr zurückhaltend in unterschiedlichen Farben, so daß der Eindruck eines verwaschenen Anstrichs entsteht. Auch gemalte Steinstrukturen sind möglich.

DIE STADT AUF DEM BERGE
Ein Beispiel für die Gestaltung architektonischer Details und für die Farbgebung

Die Kapelle von vorne und von der Rückseite. Es werden nur die sichtbaren Gebäudeteile gebaut. Der Rupfen wird in Leim getränkt, um das Holzgestell gewikkelt (»kaschiert«) und festgenagelt. Man kann ihn mit Moltofill überstreichen oder mit Torfmull oder Sägemehl bestreuen.

Der »lose Berg«

Es gibt keine feste Regel wie die Landschaft der provençalischen Krippe auszusehen hat. Die beiden grundsätzlichen Möglichkeiten sind der improvisierte lose Berg und der feste Berg. Beim traditionellen losen Berg deckt man zuerst geknülltes und dann wieder auseinandergezogenes »Felsenpapier« über ein Gebirge aus Schachteln, Obststeigen, Styroporblöcken und dergleichen, die man terrassenförmig nach hinten ansteigen läßt. Dieses sogenannte »papier rocher« ist in Südfrankreich während der Weihnachtszeit in allen Schreibwarengeschäften oder den einschlägigen Abteilungen der Kaufhäuser in Rollen erhältlich. Es läßt sich auch selbst herstellen, indem man leichtes Packpapier ockerfarben oder grün unregelmäßig einfärbt und dann mit einigen Spritzern grauer Farbe besprenkelt. Dieses Papier wird über den Unterbau gebreitet, so daß die Formationen einer Felslandschaft entstehen. An unsichtbarer Stelle eingedrückte Reißnägel verhindern einen ungewollten Erdrutsch. Kann man einige Tuffbrocken auftreiben, beispielsweise bei einem Steinmetz, so lassen sich diese sehr gut in die Landschaft einbauen. Auch Flechten, Rinden, Wurzeln, Zweige und Steine sind geeignet. Durch eine Schlucht zwängt sich ein Bach aus geknittertem Silberpapier (Alu-Folie). Gewisse Partien, vor allem die Plateaus, auf denen die Schafherden weiden, werden mit Moos bedeckt. Manchmal schleichen sich auch kitschige Elemente ein. Das verleiht den Krippen einen gewissen naiven Charme. Will man beim losen Berg eine elektrische Beleuchtung installieren, so verbirgt man die Drähte unter dem Papier. Der ganze Berg sollte mit einem System von Wegen und Straßen durchzogen werden, die man mit Sand anlegt. Auf ihnen wandern die Figuren zur Krippe. Der ganze Berg kann ruhig etwas improvisiert aussehen.

Der »feste Berg«

Eine andere Art der Landschaft bildet der feste Krippenberg, der, ganz oder in Teilen einmal gebaut, an Weihnachten hervorgeholt und immer in der gleichen Weise zusammengestellt wird. Zunächst erfordert dieser Berg ein festes Grundgerüst aus Latten und Brettchen, die man entsprechend der gewünschten Oberflächengestalt zusammennagelt oder -schraubt und auf einer Unterlage befestigt, so daß nichts mehr verrücken kann. Der Unterbau wird dann mit einem feinen Maschendrahtgeflecht umhüllt. Durch Biegen und Formen des Geflechts kann man eine wellige, lebhafte Oberfläche der Landschaft modellieren. Es müssen aber noch genügend waagrechte Ebenen und Stufen verbleiben, um alle Häuser und Figuren in geeigneter Weise stellen zu können. Dieses Drahtgeflecht wird mit einem in Kaltleim getränkten, dicken Rupfen »kaschiert«, d. h. überzogen. Wurzeln und Korkrinde können mit eingearbeitet werden. Man bestreut den noch leimfeuchten Stoff ganz oder nur teilweise an den Hangpartien mit Korkraspel, Sägemehl oder Torfmull, um ihm eine rauhe Oberfläche zu verleihen, und läßt den Berg anschließend gut durchtrocknen. Nach Abschütteln des losen Streugutes wird er steingrau bis rötlich-braun gefaßt. Dabei können Sie sich an die Anweisungen aus dem Kapitel über den festen Berg der Orientalischen Krippe halten (siehe Seite 84).

Selbstverständlich bietet es sich an, die im Mittelmeergebiet heimische Korkrinde zu verwenden, wie man dies bei alten, originalen Krippen findet. Die aufrechtstehenden, gekrümmten Rinden erwecken mit ihrer zerfurchten Oberfläche den täuschenden Eindruck klüftiger Felsentürme. Liegend verwendet, kann man mit ihnen Geländestufen ausbilden. Allerdings läßt sich die Gestalt der terrassierten Szenerie nur in groben Zügen vorbestimmen. Die detaillierte Ausführung muß sich nach der Form der zur Verfügung stehenden Rindenstücke richten. Zufall und Einfallsreichtum bringen die überzeugendsten Lösungen zustande.

Die Vegetation

Für die Krippe kann man alle Pflanzen verwenden, die man in den Niederwäldern der Provençe findet. Tannengrün fehlt selbstverständlich. Nicht jeder hat aber die Möglichkeit, so häufig in die Provençe zu reisen, um dort das entsprechende Material zu sammeln. Sehen Sie sich deshalb bei uns in den Gärtnereien nach passenden Pflanzen um: Erika (am besten das kleine, weißblühende), Thymian, Rosmarin, Lavendel und Mimosen. Versuchen Sie auch, durch Zurechtschneiden von Zweigen einige typische Baumformen nachzubilden. So lassen sich z. B. Pinien aus Fichtenwurzeln und Zypressen aus Wacholderzweigen gestalten. Auf diese Weise wird es Ihnen möglich sein, auch bei uns eine stilechte, provençalische Krippe zu bauen, an der Sie Ihre Freude haben.

Der Stamm dieser Pinie besteht aus einer Fichtenwurzel. Um der typischen Form nahezukommen, wurden zwei zusätzliche »Äste« eingesetzt. In die Verzweigungen wurden kleine, dunkelgrüne Moospolster (Pylaisia polyantha) gelegt und festgeleimt.

Provençalische Krippe in Korkbauweise

Bei dieser Krippe wird als Baumaterial ausschließlich die Rinde der bodenständigen Korkeiche als Verkleidung der Häuser benutzt. Korkrinde erhält man bei uns in Zoohandlungen. Infolge des Schäl- und Trocknungsvorganges ist sie eingerollt und in dieser Form schlecht weiter verarbeitbar. Deshalb muß man sie erst einmal im heißen Wasser in einem großen Topf weichen lassen. Die Rinde wird dann biegsam, und man kann die einzelnen Platten flach zwischen zwei Brettchen legen, die man mit Schraubzwingen so lange zusammenspannt, bis der Kork völlig trocken ist. Dann spaltet man die Platten mit der Säge so, daß die unregelmäßige, stark zerfurchte Außenschicht der Rinde entfernt werden kann. Diese wird zur Gestaltung der Landschaft weiterverarbeitet. Aus der mittleren Zone der Rinde werden Platten von 6 bis 10 mm Dicke geschnitten, die für die Verkleidung der Fassaden benutzt werden.

Die Grundkörper der Häuser sind aus rohen Brettchen zusammengesetzt. Man kann diese Konstruktion bei Figurengrößen zwischen 5 und 10 cm anwenden.

◀ *Seite 94/95:*
PROVENÇALISCHE KORKKRIPPE, GESAMTANSICHT
Mit sparsamsten Mitteln – nur Kork mit seinen unterschiedlichen Oberflächenstrukturen – wurde diese Krippe gebaut. Absichtlich sind die Gebäude kleiner gehalten, als es den wirklichen Größenverhältnissen entspräche. Die Figuren sind 5,5 cm, einige Hintergrundfiguren 4,5 cm groß. Die Grundfläche der Krippe mißt 45 x 40 cm.

So werden die Häuser verkleidet. Die poröse Oberfläche des geschnittenen Korks und seine braune Färbung treffen erstaunlich gut den Charakter südfranzösischer Landarchitektur. Im mittleren Bild wird die Türleibung, bestehend aus einem weich gekochten Korkstreifen, durch Korkklötzchen so lange fixiert, bis der Leim getrocknet ist. Die Nägel im Dach dienen dem gleichen Zweck. Das Eckmauerwerk muß noch eingesetzt werden.

Die wellige Innenschicht des Korks eignet sich gut als Dachdeckung.

Aus Stabilitätsgründen empfiehlt es sich, Grundkörper für die Gebäude aus 10 mm dicken, rohen Brettchen zu zimmern, wobei für die Endgröße der Bauten die Verkleidung von zusätzlich 6 bis 10 mm berücksichtigt werden muß. Wenn die Gebäude nicht ganz ebenmäßig ausfallen, so schadet dies keineswegs: Alte Gemäuer sind oft auch windschief. Die Fenster- und Türöffnungen schneidet man mit einem Federmesserchen, Cutter oder einem Schnitzmesser aus. Als Gesimse und Fensterumrahmungen werden feine Korkstreifen aufgeleimt. Natursteinmauerwerk, das ebenfalls aufgeleimt wird, schneiden Sie aus der Außenschicht der Rinde.

Einige Worte zum Bauprinzip des festen Berges: Ein senkrecht verwendetes, gekrümmtes Rindenstück bildet eine Art Gebirgsstock. Sein oberer Abschluß sollte nicht eben sein, sondern schräg nach vorne oder nach der Seite abfallen. In die innere Krümmung paßt man als oberen Abschluß stufenförmig dicke Brettchen als Terrassenfläche ein. Sie werden tischförmig von unten her durch Klötzchen unterstützt. Machen Sie die Terrassen tief genug, denn sie müssen außer den Figuren auch die Häuser tragen. Dann erst werden die Gebäude entsprechend den räumlichen Gegebenheiten gebaut und eingepaßt. Klaffende Stellen werden mit »Felsen«, Treppen, Brücken und Gebüsch aus Flechten ausgefüllt. Der Krippenstall erhält seinen Platz am Fuße des Berges.

Um eine perspektivische Wirkung zu erzielen, muß man den Gebäuden unterschiedliche Größen geben. Die unten und vorne stehen sind größer als die hinten und oben auf dem Krippenberg. Natürlich richtet sich die Größe der Bauten auch nach den Figuren, denen sie zugeordnet sind. Aber hier ist nicht streng maßgetreu zu verfahren. Die Gebäude dürfen in

den Proportionen ruhig etwas kleiner sein, denn dominieren sollen die Figuren. Mit ein bißchen Augenmaß findet man für Landschaft und Figuren den angenehmsten optischen Eindruck.

So entsteht der »feste Berg« für die Korkkrippe. Der ganze Berg ist terrassenförmig aufgebaut. Man beginnt mit den höchsten Erhebungen im Hintergrund und setzt davor jeweils die nächsttiefere Etage. Dabei wird das grobe innere Holzgerüst an den sichtbar bleibenden Stellen mit der stehend verarbeiteten Korkrinde verkleidet. Um einen kleinen Rundhorizont anbringen zu können, wurden die hinteren Ecken leicht abgerundet.

Bei der linken Terrasse wurde vor die Korkwand eine zweite, gestufte Rinde aufgedoppelt. So entstand der abgetreppte Steig, der vom oberen Haus zur unteren Brücke führt. Die Ebene für den Krippenstall ist vorbereitet.

Die Geländestufen werden mit dreieckigen Korkstreifen ausgeglichen. In alle noch klaffenden Geländepartien werden passende Korkstückchen eingeleimt. Zuletzt wird auf die vorgeleimten Terrassenflächen Korkraspel aufgestreut. Den Wasserlauf des Wildbaches ahmt man mit wellig geknitterten Streifen von echtem Stanniol nach, das auch heute noch manchmal zum Verschließen von Weinflaschen verwendet wird; ein geeigneter Anlaß, eine gute Flasche französischen Rotweins zu öffnen. Man kann aber auch einige Lamettafäden verwenden.

Eine Stellprobe mit den Häusern gibt darüber Auskunft, ob alles paßt. Auch die Figuren kann man schon einmal probehalber aufstellen.

Einige Sonderformen

◀ *Seite 98/99:*
ECKKRIPPE IN BÜHNENFORM
Auf dieser Bühne können nacheinander die Szenen der Christgeburt, der Beschneidung, der Drei Könige, des zwölfjährigen Jesus im Tempel, der Hochzeit von Kana und sogar die des Heiligen Grabes aufgestellt werden.
Das hier abgebildete Strohdach ist nur bei der »Geburt« und bei den Drei Königen vorhanden. Der »kaschierte« Rupfenberg, der die obere Ebene rückwärts abschließt, könnte auch etwas mächtiger und zackiger ausgebildet werden. Die Figuren sind tönerne Modelausformungen von 6 bis 8 cm Größe. In Schwaben werden sie »Bachene« genannt.

Eckkrippe in Bühnenform

Manchen Krippen sieht man ihre Herkunft von den geistlichen Schauspielen noch an. Die Krippe ist »gefrorenes Theater«, in dem während der Weihnachtszeit die biblischen Begebenheiten in der Reihenfolge der Sonn- und Festtagsevangelien nachvollzogen werden. Dazu kommt die Vorstellung von den verschiedenen Ebenen: der Ebene des Weltlichen, der Ebene, wo sich im Weihnachtsgeheimnis Gott dem Menschen offenbart und der himmlischen Ebene, die von Engeln bevölkert ist und auf der »die Stadt« als Symbol für das Himmlische Jerusalem steht. Auch wenn sich im Laufe der Zeiten manches geändert hat, so ist diese Einteilung doch in vielen Krippen mehr oder weniger deutlich erkennbar. Auch der heutige Krippenbauer sollte diesen Gedanken nach Möglichkeit Rechnung tragen.

Die hier beschriebene Krippe wurde aus diesen Gesichtspunkten heraus gebaut, um für vorhandene volkstümliche Figürchen eine Bühne zu schaffen. Auf der Abbildung des Rohbaues ist die dreieckige Grundform, ähnlich der des mittelschwäbischen Krippenberges erkennbar, zu dem es auch noch verschiedene andere Parallelen gibt (Symmetrie, Ebenen, Zaun, Glimmer, Eibenhintergrund). Ein kleines, dreieckiges Podium stellt die eigentliche Bühne dar und trägt eine stilisierte Palastarchitektur. Ihr ruinenartiger Zustand ist durch die Abtreppung des seitlich anschließenden Mauerwerks und durch den Übergang zum Wurzelwerk (über dem linken Bogen) angedeutet. Die mittig eingefügte Freitreppe betont den theatralischen Charakter der Anlage.

Der mittlere Bogen ist dreidimensional gearbeitet, d. h., er wölbt sich auch nach vorne. Man kann diese Form aus einem genügend großen Stück Kantholz herausholen, indem man mit der Bandsäge entlang den Aufriß- und Grundrißlinien sägt. Den Rest besorgen Raspel und Feile. Als Material verwendet man am besten Lindenholz; Fichtenholz ist schlecht geeignet. Normalerweise würde man die mittlere Bogenöffnung nicht so breit herstellen. In diesem besonderen Falle mußte aber Raum geschaffen werden, um die gesamte Hochzeitsgesellschaft von Kana unterzubringen. Die seitlichen Bogenöffnungen sind mit einer aus Karton geschnittenen Umrandung profiliert.

Auf dem Entwicklungsbild fehlen noch die Berge, welche die obere Ebene rückwärts abschließen. Sie werden nach der alten Technik des »Kaschierens« aus leimgetränktem Stoff geformt, der über senkrechte Stäbchen gehängt wird. Diese werden in die oberen Stirnseiten der Rückwände eingesetzt und markieren die Berggipfel. Der »Rupfenberg« wird im leimfeuchten Zustand grün eingefärbt und mit Glimmer oder »Glasglanz« aus zerstoßenen Christbaumkugeln überstreut. Ein Zaun grenzt die Krippe zum Betrachter hin ab.

Wie beim mittelschwäbischen Krippenberg leimt man rückseitig knapp unterhalb der Bergspitzen eine Leiste mit einer Reihe von Bohrlöchern, in die kleine Tannen- oder Eibenzweige als Hintergrundabschluß gesteckt werden können. Bemalt wird die Krippe mit Plaka-Farben, wobei man die Architekturteile zuvor weiß grundieren sollte.

Das Zustandsfoto zeigt den symmetrischen Aufbau und die Ausbildung von drei aus Brettchen gebildeten Ebenen, von denen die Proszeniumsebene mit der eigentlichen Bühnenebene durch Treppen verbunden ist. Die Palastarchitektur mußte relativ breit angelegt werden, um die Hochzeitsgesellschaft von Kana aufnehmen zu können. Wird sie in den Stall von Bethlehem umgewandelt, wird ein Strohdach eingesetzt (siehe großes Bild).
Die Vorderkante des dreieckigen Grundbrettes – also die Hypothenuse – ist 1 m breit. Beide Ecken sind jedoch nicht nutzbar und werden deshalb an jeder Seite um 10 cm gekürzt, so daß die Vorderseite noch 80 cm breit ist.

Nassereither Krippenberg

Die alten Krippenberge aus Nassereith in Tirol stellen die Landschaft in stilisierter Form dar. Im Vordergrund liegt etwa handbreit die unterste Ebene, die »Straße«. Nach hinten wird der Berg immer steiler, die Ebenen werden immer schmaler. Sie sind nicht klar gegliedert und häufig gegeneinander versetzt.

Wenn Sie vorhaben, eine Krippe in ähnlicher Form zu bauen, dann stellt die Grundkonzeption schon gewisse Anforderungen an das räumliche Vorstellungsvermögen. Es empfiehlt sich deshalb sehr, für derart komplizierte Konstruktionen nach den ersten skizzenhaften Entwürfen ein Modell zu bauen. Wellkarton eignet sich hierfür recht gut, der mit dem Sägemesser geschnitten werden kann. Zuerst wird nach den gewünschten Maßen die äußere Begrenzung, bestehend aus Boden, Rückwand und Seitenwänden gebaut. Sodann wird die zweite Ebene in Höhe der Stalldecke eingezogen. Sie ist etwas tiefer als die halbe Tiefe der gesamten Krippe. Vor dieser Ebene und zu ihr hinaufführend liegen auf beiden Seiten die flach geneigten Rampen. Dort, wo die Schlucht des Wildbaches vorgesehen ist, muß die Ebene nach rückwärts tief eingeschnitten werden.

Eine zweite, nur undeutlich erkennbare, durchgehende Ebene liegt etwas höher als das Städtchen. Links von der Stadt hat sie eine Tiefe von einem Drittel der Gesamttiefe, hinter der Stadt und rechts davon nur noch knapp ein Viertel. Im Bereich des Wildbaches ist sie nahezu ganz unterbrochen. Über der Stadt ist dann noch eine vierte schmale Ebene erkennbar, zu der von links eine Rampe hinaufführt. Rechts führt sie über den Steg als schmaler Steig weiter. Wenn diese Grundformen festgelegt sind, werden die gegeneinander versetzten Zwischenebenen, Rampen, Treppen und Höhlen angelegt, wobei das Kartonmodell jederzeit erforderliche Änderungen zuläßt. Haben Sie das Modell im Maßstab 1:1 erbaut, was zu empfehlen ist, dann können Sie jetzt mit Ihren Figuren eine Stellprobe durchführen. Sie sollten vor allem die Höhlen großräumig ausbilden, damit möglichst viel Platz für die Figuren geschaffen wird. Dieser Überlegung liegt das Prinzip des konsolenförmigen Übergreifens der nächsthöheren Etage zugrunde, das Sie beim mittelschwäbischen Krippenberg schon kennengelernt haben (siehe Seite 21).

Nach dem Modell wird nun das Gerüst des Berges aus Fichtenbrettchen gebaut und mittig der einfache Stall eingesetzt. Die Bachsohle wird durch ein steil nach unten gerichtetes Brettchen markiert. Als Kanten der Schlucht paßt man geeignet geformte, längliche Wurzeln ein. Das Bachbett selbst wird aus leimgetränktem Stoff geformt.

Während man den Vordergrund der Krippe überwiegend mit Wurzeln gestaltet und dabei die Brettchenkonstruktion halbwegs verdeckt, geht man nach hinten und oben zu mehr auf die Kaschiertechnik über (siehe Bilder Seite 27 und 98/99). Die Häuser des Städtchens werden aus Brettresten ausgesägt und geschnitzt und der Zaun angebracht. Verschiedene reizvolle Details können Sie der Abbildung entnehmen, die den zentralen Ausschnitt aus der Krippe wiedergibt.

Das Pappmodell des Nassereither Berges in 1/4 Größe des Originals, weiß gestrichen. Empfehlenswert ist aber ein Modell in Originalgröße.
Grundelemente dieses Typs sind die verschiedenen Ebenen, Höhlen, Rampen, Treppen, Felsen, Schlucht, Steg, Stall und Stadt (Dorf). Die Gaube des Stalldaches wurde in der Ausführung weggelassen.

Der Berg wird mit Kaseinfarben (Plaka) gefaßt und mit Glimmer bestreut. Der Horizont wird durch das eingesteckte »Eibengewölbe« abgeschlossen (siehe Seite 27 und Bild Seite 19). Davor hängt man als Sinnbild für das in der Weihnacht wiedergeschenkte Paradies die roten »Krippenäpfel«.

Seite 102/103: ▶
Der Nassereither Krippenberg als stilisierte und idealisierte Landschaft. Der Berg ist 1 m breit, 45 cm hoch und 35 cm tief. Die farbliche Hervorhebung der Zäune und Geländer ist gewollt. Der Hintergrund wird durch das »Eibengewölbe« gebildet. Nicht sichtbar sind die kleinen, roten »Weihnachtsäpfel«, die man über die Krippe hängt. Passende, bis zu 9 cm große Tonfiguren sind im Tiroler Volkskunstmuseum Innsbruck erhältlich.

Trebitscher Krippenkästchen

Das abschließende Beispiel ist etwas für den fortgeschrittenen Krippenbauer. Es wurde in dieses Buch aufgenommen, weil das in der Abbildung gezeigte Zwischenstadium einen guten Aufschluß über die Bauweise gibt, und weil man dafür handelsübliche Figuren bekommen kann. Es ist die Kopie eines Krippenkästchens, dessen Original aus dem 18. Jahrhundert im Heimatmuseum des mährischen Städtchens Třebíč (deutsch: Trebitsch) hängt. Die Abmessungen ohne Rahmen betragen 38 x 27 x 8 cm. Hierzu passen die Papierfiguren der »Ausschneidekrippe aus Pribram«, die es zu kaufen gibt. Allerdings sind dann die Maße der Krippe auf 45 x 32 x 8,5 cm zu vergrößern, wenn man es nicht vorzieht, die Figuren mit dem Farbkopierer auf 85% zu verkleinern. Auch die farblich bessere, aber leider vergriffene Papierkrippe »Bethlehem« von Baronin Herzogenberg (Prestel-Verlag) würde sich gut eignen. Damit Figuren und die umfangreiche Ausstattung auf einer so geringen Tiefe untergebracht werden können, müssen die aus Weiden- oder Föhrenrinde zusammengesetzten Felsen jeweils vom tieferen Stockwerk aus zum nächsthöheren von hinten nach vorne konsolenartig herauskragen. Wir kennen diesen Kunstgriff bereits von der mittelschwäbischen Krippe (siehe Seite 21). Die überhängenden

Solche eingerichteten »Hohlbilder« nennt man auch »faule Krippen«, weil ihr Besitzer keine Arbeit mit ihnen hat. Der Krippenbauer muß aber sehr wohl eine gehörige Portion Fleiß und Geduld mitbringen, bis alles zur Zufriedenheit gediehen ist.
Die Freude über das gelungene Werk wiegt aber alle Mühen und Rückschläge auf.
Passend zum Stil erhält das Kästchen einen Biedermeierrahmen mit Glasscheibe.

GLORIA IN EXELSIS DEO

Formationen wirken dann wie ein romantisch zerklüftetes Gebirge mit Höhlen.

Dieses Prinzip ist bereits beim Einbringen der Leisten für die Unterkonstruktion zu berücksichtigen (siehe Entwicklungsbild). Dabei kann es schon vorkommen, daß gewisse Partien nicht auf Anhieb gelingen und nachträglich verändert werden müssen. Die Stadt und die Burg aus Holz und Karton werden jeweils auf ein eigenes dünnes Brettchen gesetzt und eingepaßt. Die Mauern des Stalles schnitzt man aus Holz.

Wenn die Krippe so weit wie auf dem Entwicklungsbild gediehen ist, dann werden Rindenstückchen so auf die Unterkonstruktion geleimt, daß eine felsige Landschaft entsteht. Legen Sie aber vorher schon die Standpunkte Ihrer Figuren fest. Dann werden die Rinden partieweise satt mit Leim bestrichen und mit gesiebtem Sand bestreut. Am schönsten ist die Wirkung, wenn man heißen Tischlerleim (Knochenleim) verwendet. Man kann dem Sand Glimmer beimischen oder in einem zweiten Arbeitsgang dick Tapetenkleister auftragen und den Glimmer darüberstreuen. Der Kleister trocknet ein, ohne eine Spur zu hinterlassen. Mit ein wenig Moos wird die Landschaft belebt.

Der besondere Reiz des Kästchens liegt in den Details: Die Brücke ist leicht durchgebogen, die Geländer sind geschwungen, die Geländerpfosten bestehen aus kleinen Astgabeln, im Hintergrund des Stalles ist ein Spiegel angebracht, so daß der Eindruck entsteht, als würde die Höhle in eine sich nach hinten fortsetzende Landschaft ausmünden.

Nach Anfertigung des Kästchens beginnt man mit dem Ruinenstall, der hier mit zwei übereck gestellten Mauerbögen gebildet wird. Im Hintergrund des Stalles steht mittig eine Säule, auf der das Brettchen der nächsthöheren Ebene ruht. Will man, wie beim Original, in die Rückwand des Stalles einen Spiegel einbauen, so muß das geschehen, solange man noch daran kommt.
Die eingeleimten Klötzchen liegen relativ weit zurück, damit die Rindenstücke noch vorgeblendet werden können. In diesem Zustand sind Stadt und Burg noch herausnehmbar.

Krippenhintergründe

Ein gemalter Krippenhintergrund ist nicht nur eine Abgrenzung der Krippendarstellung, sondern er ergänzt und steigert die optische Tiefe des Raumes. Die landschaftliche Szenerie lokalisiert auch den Standort der Krippenszene. Das Blickfeld wird vom Hintergrund zwar begrenzt, doch schweift das Auge durch den perspektivischen Raum. Die gesamte Krippenszene wird durch den Übergang vom plastischen Vordergrund zur flächigen Hintergrundbemalung reichhaltiger und lebendiger. Das Auge wird gesättigt.

Je nach der Fülle, dem Größenmaßstab und der Farbigkeit des Vordergrundes kann der gemalte Hintergrund Ruhe in das Gesamtbild bringen. Es muß nur entschieden werden, wie der Hintergrund ausgeführt sein soll: naturalistisch oder abstrakt, mit mehr oder weniger Details, exakt oder skizzenhaft. Keinesfalls darf das Motiv scharf gezeichnet sein. Letztlich muß man die Ausgestaltung des Hintergrundes dem Können und dem Geschmack jedes einzelnen überlassen, doch ist auf die Ausstattung der Figuren, ob sie schlicht oder reich ornamentiert, klein oder groß sind, Rücksicht zu nehmen. Werden viele Figuren aufgestellt, so verlangen sie ein breit angelegtes Landschaftsbild, möglichst im Halbrund die Grundfläche umfassend. Dagegen benötigt eine zahlenmäßig kleine Gruppe mit großen Figuren oft nur einen einfarbigen Karton oder Stoff als Hintergrund. Die Beispiele dieses Buches geben Anregungen für Landschaftskrippen, die orientalisch oder heimatbezogen sind. Die Darstellung ist weitgehend naturalistisch, in Ansätzen auch abstrahierend.

Die Motivwahl für eine heimatliche Krippe kann Bezug zur persönlichen Umgebung wie Straße, Dorf, Stadt oder Landschaft haben, und wer eine besondere Erinnerung aus dem Urlaub mitgebracht hat, etwa das Foto einer orientalischen Landschaft, kann gerne auf dieses Motiv zurückgreifen. Das ist einmal ein bequemes Hilfsmittel, andererseits geht davon ein besonderer persönlicher Reiz aus. Nur ist das Bildmotiv wahrscheinlich noch so abzuändern, daß im Zusammenhang mit der gebauten Landschaft eine ausgeglichene Komposition entsteht.

Um eine gute Harmonie zwischen Figuren, Krippe und dem Hintergrund zu erreichen, achten Sie noch auf folgende Punkte:

- Ein naturalistisch gemalter Hintergrund paßt nicht zu abstrahierten Figuren.
- Zierliche Figürchen werden von zu großflächig und grell bemalten, stark in den Vordergrund gerückten Elementen erdrückt.
- Palmen, Kakteen und andere fremdländische Elemente (wobei prächtig gekleidete Könige die Ausnahme bilden) sind für eine Wald- oder Gebirgslandschaft nicht passend.

Schönwetterwolken, die auf hellblauem Himmel über leuchtend grünem Wiesengrund schweben, sollte man in bei uns angesiedelten Krippenszenerien vermeiden. In unserer Heimat ist es in der Heiligen Nacht eher grau und neblig sowie dämmerig und dunkel.

Nur durch das richtige Zusammenwirken von Figuren, Stall und Hintergrund läßt sich die Krippenszene einem Stil zuordnen. Ein Krippenhintergrund kann romantisch, phantastisch oder gar bizarr sein. Wenn das Ganze harmonisch bleibt, ist der schöpferischen Phantasie keine Grenze gesetzt.

Alle hier abgebildeten Hintergründe sind als Rundhorizonte gedacht. Man braucht dazu allerdings mehr Material für den Malgrund (z. B. Papier, Karton oder Leinwand, die als Rollen im Handel sind) und natürlich auch mehr Farben als bei einem ebenflächigen Hintergrund. So ergibt z. B. eine Grundfläche mit einer Front von 80 cm und 40 cm Tiefe bereits einen Rundhorizont von 130 bzw. von 150 cm, wenn die hinteren Ecken nur abgerundet werden.

Malen Sie möglichst flächig.
Als Farben eignen sich:

- Plaka- und Acrylfarben, die schnell trocknen und wasserfest sind, und sich somit beim Übermalen nicht auflösen.
- Ölfarben, die langsam trocknen und beim Malen leicht zu vermischen sind, also weiche Übergänge ermöglichen.
- Dispersionsfarben (im nicht getrockneten Zustand noch wasserlöslich), die besonders für große Flächen gut geeignet sind.

Die Malgründe wie Karton, Papier oder Malerleinwand müssen vor dem Malen befestigt werden: Karton und Papier auf einer Spanplatte, Malerleinwand auf einem Lattenrahmen. Außer dem Karton müssen die beiden anderen Malgründe beim Malen mit wasserlöslichen Farben gewässert werden, und zwar Papier vor und Leinwand nach dem Aufspannen. Der feuchte Malgrund spannt sich beim Trocknen und ist deshalb nach dem Ablösen faltenfrei. Allerdings müssen Sie den Vorgang des Trocknens überwachen, weil die dabei entstehende Zugkraft die Befestigung leicht lösen kann.

Leinwand müssen Sie auch dann fest spannen, wenn Sie mit Ölfarben malen. Bei der Ölmalerei auf Pappe oder Karton muß die graue oder ockerfarbene Grundfarbe mit Öl- und Malterpentin verdünnt werden. Sie wird dann zweimal aufgetragen und dient als Grundierung. Danach saugt der Malgrund nicht mehr, und die Farben dunkeln nicht nach. Lassen Sie die Ölfarben gut trocknen. Vermeiden Sie Querleisten bei Holzrahmen, die sich auf der Leinwand durchdrücken. Wählen Sie das Format der Malgründe immer größer als die endgültigen Maße Ihres Hintergrundes. Es erleichtert Ihnen das flotte Durchziehen der Grundfarbe mit einem breiten Pinsel. Der Übergang der gebauten Landschaft zum senkrechten Hintergrundbild soll möglichst unmerklich geschehen. Man erreicht dies, indem man die rückwärtige Partie der Landschaft nach hinten wie in ein Tal abfallen läßt, so daß die Grenzlinie zwischen Landschaft und Hintergrund unter den Horizont versinkt. Die plastische Gestaltung der Krippenlandschaft muß dabei auf der Bodenplatte so angehoben werden, daß man keinesfalls die Unterkante des Hintergrundbildes sieht. Ein guter Übergang entsteht auch dann, wenn man z. B. im Bild Pflanzen, Mauern oder Felsen so malt, daß sie sich mit den Materialien in der Krippenszene, wie Moos, Rinde oder Stein, optisch verbinden.

ORIENTALISCHE KRIPPE
Malen Sie den Hintergrund auf Foto- oder Plakatkarton in der von Ihnen bevorzugten Grundfarbe. Das sind in aller Regel unterschiedliche Blautöne. Wenige Pinselstriche mit Plaka- oder Acrylfarbe, lasierend gemalt, schaffen diesen ruhigen Hintergrund. Er ist für abstrahierte Figuren ideal.

ORIENTALISCHE KRIPPE
Das weitere Bemalen mit Details, wie die Berge am Horizont, der Vordergrund mit Bäumen und die hochaufragende Stadt, erfordern bereits einige Übung und natürlich mehr Zeitaufwand. Studieren Sie solche Landschaften auf Fotos und setzen Sie Ihre Beobachtungen phantasievoll um.

ORIENTALISCHE KRIPPE
Dieser Hintergrund wird von einem intensiven Abendrot beherrscht. Die Farben werden mit einem breiten Pinsel waagrecht eingestrichen. Begonnen wird oben mit Blau, über Dunkelrot und Rot zu Orange. Möglichst naß halten! Die Farben in Einzelschalen vorbereiten, und in weiteren Schalen die Zwischentöne mischen. Die Berglandschaft ohne Details andeuten.

ORIENTALISCHE KRIPPE
Zwei Beispiele, wie durch perspektivisches Plazieren von Ruinenfragmenten Tiefe entsteht. Die entfernteren Objekte heller malen.

ORIENTALISCHE KRIPPE
(MIT AUSGESPARTER FLÄCHE FÜR KRIPPENBERG)
Dieser Hintergrund ist ocker- bzw. orangefarben auf Karton zu malen. Die gestrichelte Linie deutet die Klebestelle des Kartons an. Sie soll so liegen, daß differenzierte Bauteile nicht zerschnitten werden. Hier wird sie von einem Baum überspielt. Den Entwurf klein anlegen und mittels Quadraten übertragen. Der Himmel ist blau eingestrichen. Wo die Grundfarbe des Kartons stehen bleibt, wird Abendrot angedeutet. Auch große Flächen der Bauten bleiben in der Grundfarbe. Gelbe Lichteffekte und gegebenenfalls blaue Schatten auftragen.

ORIENTALISCHE RUINENKRIPPE
Rundhorizont mit Kulisse. Der Rundhorizont wird in der bekannten Weise gemalt. Die Rundbogenarchitektur (oder ähnliches nach Ihrer Vorstellung) malen, ausschneiden und davor stellen. Das gibt dem Hintergrund Transparenz und Tiefe. Der Übergang von der Bodengestaltung zum Hintergrund wird so leichter überbrückt.

ORIENTALISCHE KRIPPE
Beispiel eines umfassenden Hintergrundes (Rundhorizont), der sich aus mehreren Einzellandschaften zusammensetzt, die abgewandelt, angepaßt und verdichtet wurden mit differenzierten, dunklen Farben für Nachtstimmung.

KASTEN-(BÜHNEN-)KRIPPE, ORIENTALISCH ODER HEIMATBEZOGEN
Dieser Hintergrund aus drei Teilen ist gleichzeitig eine Kastenkrippe, in welche die Figuren ohne weitere Bauten gestellt werden können. Sowohl für die orientalische als auch für die heimatbezogene Version sind die Andeutungen des Stalles gleich – rechts eine Mauer, links und im Mittelgrund links die Bretterwände. Die Landschaft im Durchblick bestimmt, ob es (wie hier) Orient oder auch Heimat ist.

Die Krippe kann – je nach Größe – mit Brettchen oder einem Strohdach nach oben geschlossen werden. Die Ränder des bemalten Materials – Karton oder Papier – sollten rückseitig mit Klebebändern gegen Einreißen verstärkt werden.

ORIENTALISCHE KRIPPE,
STADTLANDSCHAFT

In der ersten Phase wird der gesamte Malgrund blaugrau eingestrichen, dann das Gemäuer rotbraun und deckend angelegt. Details einskizzieren.

Bei der Ausgestaltung werden die Gebäude ockerfarben, mit hellgelben Lichteffekten, ergänzt.

SCHNEEKRIPPE

Einfachste Version, analog der orientalischen Landschaft auf Seite 108 oben. Auf blauem Karton ist eine sanfte, weite Landschaft – Grün und Weiß – entstanden. Die detailliert ausgemalte Version erfordert bereits etwas Geschick. Der gesamte Horizont wird auf einer Entwurfszeichnung im kleinen Maßstab angelegt, in Quadrate eingeteilt (hier nur an der Basis angedeutet) und dann vergrößert in die mitvergrößerten Quadrate übertragen.

HEIMATKRIPPE
Eine graue Kartonrolle, mit blaugrauer Farbe bedeckt, wobei graue Streifen stehen bleiben können. Die Berglandschaft entsteht aus Grautönen bis Schwarz. Gelbe Lichteffekte auf die Häuser des Dorfes setzen.

HEIMATKRIPPE
Hier ist eine hellgelbe Kartonrolle so mit Grau bemalt, daß Streifen (als Abendlicht) stehen bleiben. Ausmalen wie üblich.

HEIMATKRIPPE, STADTMOTIV
Auf grauem Karton ist blaugrau, von oben nach unten heller werdend, gemalt. Die Stadtmauer ist deckend und dunkler darübergelegt. Sie können eine Phantasiestadt malen, besser ist es aber, ein Motiv Ihrer Heimat zu nehmen.

HEIMATKRIPPE, STADTMAUER, KULISSE INNEN
Hier sind Himmel und Stadtmauer getrennt gemalt, d. h. um mehr Tiefe zu erreichen, ist die Stadtmauer als Silhouette ausgeschnitten und vor den Nachthimmel gestellt.

Papierkrippe zum Ausschneiden

Entwurf Rudolf Höfler,
Schrobenhausen

Auf den folgenden Seiten finden Sie Umrißzeichnungen von Krippenfiguren, die zum Kopieren und Ausmalen gedacht sind. Sie sind für eine Orientalische Krippe geeignet und können verkleinert oder – geringfügig – auch noch vergrößert werden.

Da Sie das Buch sicherlich nicht zerschneiden wollen, können die Figuren auf zwei Arten weiterverarbeitet werden:
Entweder Sie kopieren die Figuren auf einen dickeren, aber noch gut schneidbaren Karton, die dann direkt ausgeschnitten werden können. Die andere Möglichkeit: Sie kopieren die Figuren zuerst auf Papier, kleben die Papierkopien vollflächig auf Karton, zum Beispiel mit einem Holzleim wie Ponal, und schneiden dann erst die Figuren aus. Damit die Figuren sich beim Trocknen des Leims nicht verziehen, kaschieren Sie auch die Rückseite, indem Sie auch dort einfach Papier aufkleben.

Die Umrißlinien (fette Linien) sind die Schnittlinien. Binnenräume stanzen Sie mit kleinen Stech- oder Hohleisen aus (geht notfalls auch mit einer Schere, wird aber nicht so gut).

Achtung: Bei den gestrichelten Linien muß mit einem Falzbein (Messerrücken oder ein stumpfer Brieföffner tun es auch) die Knicklinie vorgeritzt werden, bevor die Standfläche (Bodenlasche) abgeknickt wird. Die Standfestigkeit der Figuren kann mit angeklebten Hölzchen/Leisten erhöht werden.

Bemalen Sie die Figuren nach Ihrer Vorstellung vor dem Aufziehen mit Wasserfarben oder Buntstiften. Als Anregung zum Kolorieren ist der Zug der Heiligen Drei Könige farbig wiedergegeben.

Beispiel, wie farbintensiv die Figuren zur Orientalischen Krippe ausgemalt werden können.

Stichwortregister

Bezugsquellen für Krippenfiguren

Schwäbische Tonmodelfiguren

Bisle Josef, Dorfstraße 3
86476 Neuburg/Kammel-Wattenweiler

Hösle Otmar, An der Kohlstatt 5
86476 Neuburg/Kammel-Langenhaslach

Schuler Luitpold, Bahnhofstraße 27
86476 Neuburg/Kammel

Nassereither Tonmodelfiguren

Tiroler Volkskunstmuseum,
Universitätsstraße 2, A-6020 Innsbruck

Wiener Führich-Krippe (Papierkrippe)

Verein Augsburger Krippenfreunde,
Allgäuer Straße 58 b, 86199 Augsburg

Papierkrippen, allgemein

Buchhandlung im Alten Schulhaus,
Schulstraße 5, 89264 Weißenhorn

Waldmann GmbH,
Karton-Modellbau International,
Postfach 14 06 47, 80456 München

Santons

Holzwurm-Spielwaren,
Kitzenmarkt 16, 86150 Augsburg

La Boutique du Santon (Carbonel),
7, Rue Beauvau, F-13001 Marseille

Zu den Autoren

Dr. Alois Epple, lebt in Türkheim und unterrichtet an einem Gymnasium. Den Krippenbau erlernte er von seinem Vater. Dementsprechend baut er Krippen in der Vorkriegstradition, jedoch auch mit modernem Material. Jährlich stellt er im Rahmen einer kleinen Krippenausstellung in seinem Heimatort seine zwei bis drei neu geschaffenen Krippen vor.
Beitrag Seiten 62 bis 67 und Seiten 70/71.

Rudolf Höfler, lebt in Schrobenhausen, wo er als Gebrauchsgrafiker tätig ist. Schnitzte und modellierte zuerst kleine Figuren als Hobby, dann zunehmend historische Szenen und Krippen. Vielfach vertreten auf Ausstellungen im Raum Augsburg/Nürnberg, unter anderem mit Schnitzarbeiten im Europäischen Spargelmuseum Schrobenhausen. Kunstpreisträger und Silberne Bürgermedaille der Stadt Schrobenhausen.
Beiträge Seiten 56 bis 59 sowie die Seiten 107 bis 117 mit den Krippenhintergründen und den Krippenfiguren zum Ausschneiden.

Dr. Norbert Hörberg, Lehrer und Historiker in Augsburg. Mitglied des örtlichen Krippenvereins. Krippenbau seit dem 12. Lebensjahr. Zunächst Wurzelkrippen. Seit der Heirat mit einer Südfranzösin (1971) Bau einer Landschaftskrippe im provenzalischen Stil mit originalen Tonfiguren.
Beitrag Seiten 88 bis 93.

Walter Lindenmayr, lebt in Neusäß und arbeitet als Druckermeister in einer großen Werkstätte für Schwerbehinderte. Erste Krippenbauversuche 1950 in Kursen des Vereins Bayer. Krippenfreunde. Weitere Anleitungen zum Schnitzen und Fassen durch Max Nothofer, Augsburg. Bis heute entstanden gut über 200 Krippen in heimatlicher, aber auch orientalischer Art, sowie Krippenberge. Ehefrau Marianne kleidet Gliederfiguren seit 30 Jahren. Ab 1980 Aufbau und Betreuung der großen Jahreskrippe von St. Ägidius, Neusäß.
Beitrag Seiten 36 bis 44.

Peter Riolini, Herausgeber und Hauptverfasser dieses Buches (alle nicht anders bezeichneten Beiträge sind von ihm verfaßt), ist Diplomingenieur und lebt und arbeitet in Augsburg. Im Jahre 1970 stieß er zum Verein Augsburger Krippenfreunde, dessen Vorsitz er seit 1975 innehat. Seine Beschäftigung mit dem Thema Weihnachtskrippe, vor allem die Restaurierung alter Krippenfiguren und die Auseinandersetzung mit modernem Krippenbau führte zum Aufbau einer umfangreichen Fachbibliothek. Es folgten Krippenausstellungen sowie einschlägige Forschungen und Veröffentlichungen, insbesondere über das Krippenbrauchtum seiner schwäbischen Heimat. Das vorliegende Buch ist das Ergebnis langjähriger theoretischer und praktischer Erfahrung.

Bildquellenverzeichnis

(Fotos, Zeichnungen, Pläne)

Die Zahlen beziehen sich auf die Seiten. Die *kursiv* gesetzten Zahlen betreffen Zeichnungen und Pläne.

Klaus Lipa, Augsburg
Umschlag = 38/29, Vorsatz = 22/23, 10, 12, 14, 16/17, 19, 24/25, 28/29, 34/35, 42/43, 44, 47, 50/51, 54 bis 50 o. r., 60/61, 64/65, 68, 72/73, 80/81, 86/87, 88/89, 94/95, 104/105

Dr. Alois Epple, Türkheim
63, 66, 67

Rudolf Höfler, Schrobenhausen
59 u. l., *108 bis 117*

Dr. Norbert Hörberg, Augsburg
89

Walter Lindenmayr, Neusäß
36, 37, *37*, 40, 41

Peter Riolini, Augsburg
5, 11, 13, 15, 20, *20*, 21, 26, 27, 30, *31*, *32*, 33, 45, *46*, 48, *48*, 49, *49*, *52/53*, 53, *70*, *74/75*, 76, *76*, 77, 78, 79, *82*, *83*, 90, 91, 92, 93, 96, 97, 98/99, 100, 101, 102/103, 106

Schwäbisches Volkskundemuseum Oberschönenfeld
8

Verein Augsburger Krippenfreunde e. V.
83, 84

Verzeichnis der Krippenbauer

Dr. Alois Epple, Türkheim
60/61, 64/65

Rudolf Höfler, Schrobenhausen
54/55, 113–117

Dr. Norbert Hörberg, Augsburg
86/87

Walter Lindenmayr, Neusäß
Umschlag = 38/39, 34/35, 38/39, 42/43

Susanne Riedel-Mitterwieser, Stadtbergen
Vorsatz = 22/23, 24/25

Jürgen Pröbstl, Augsburg
5, 28/29

Peter Riolini, Augsburg
2/3 = 12, 8, 10, 14, 17/18, 19, 47, 50/51, 69, 94/95, 98/99, 102/103, 104/105

Riolini/Riedel-Mitterwieser
72/73

Unbekannt, Südtirol
80/81

Bibliografische Information
Der Deutschen Bibliothek

Die Deutsche Bibliothek verzeichnet diese Publikationin der Deutschen Nationalbibliografie; detaillierte bibliografische Daten sind im Internet über http://dnb.ddb.de abrufbar.

Umschlagkonzeption: ZERO Werbeagentur, München
Umschlaggestaltung und -herstellung: Daniela Meyer
Umschlagfoto: Klaus Lipa, Diedorf bei Augsburg
Projektleitung: Annett Wagner
Lektorat: Manfred Braun
Satz und Layout: Walter Werbegrafik, Gundelfingen
Herstellung: Hartmut Czauderna
Reproduktion: Color-Line, Verona
Druck und Bindung: Uhl, Radolfzell

ISBN 13: 978-3-426-64241-2
ISBN 10: 3-426-64241-7

Printed in Germany

05 04 03 02 01

Bitte besuchen Sie uns im Internet:
www.knaur-ratgeber.de

GLORIA IN EXCELSIS